中等职业教育汽车专业理实一体化系列教材

汽车精致修复
理实一体化彩色教程

组　编　烟台瑞达汽车科技有限公司

主　编　纪建平　于晓亮　徐　诞

副主编　王　永

机械工业出版社

本书以汽车车身精致修复为主要内容，介绍了车身免喷漆凹陷修复、汽车玻璃损伤及划痕修复、汽车轮毂修复、汽车前照灯翻新修复、汽车塑料件修复、汽车内饰翻新修复技术。

本书的特点是理论联系实际，充分体现"教学做一体化"的理念；配有电子课件及题库；扫描书中二维码可观看教学视频和案例视频。本书对内容进行了流程化设计，利用彩色图解对操作流程进行细致说明。

全书内容通俗易懂，深入浅出，适合作为职业教育师生教学使用的专业教材，还可以作为汽车维修技术人员的培训教材。

图书在版编目（CIP）数据

汽车精致修复理实一体化彩色教程 / 烟台瑞达汽车科技有限公司组编；
纪建平，于晓亮，徐诞主编. — 北京：机械工业出版社，2022.2（2024.2重印）
中等职业教育汽车专业理实一体化系列教材
ISBN 978-7-111-70254-2

Ⅰ.①汽… Ⅱ.①烟… ②纪… ③于… ④徐… Ⅲ.①汽车–车体–车辆
修理–中等专业学校–教材 Ⅳ.①U472.4

中国版本图书馆CIP数据核字（2022）第035074号

机械工业出版社（北京市百万庄大街22号 邮政编码100037）
策划编辑：齐福江　　　　　　　责任编辑：齐福江
责任校对：郑　婕　王明欣　　　封面设计：陈　沛
责任印制：李　昂
北京中科印刷有限公司印刷

2024年2月第1版第2次印刷
184mm×260mm·10.25印张·187千字
标准书号：ISBN 978-7-111-70254-2
定价：55.00元

电话服务　　　　　　　　　　　网络服务
客服电话：010–88361066　　　机 工 官 网：www.cmpbook.com
　　　　　010–88379833　　　机 工 官 博：weibo.com/cmp1952
　　　　　010–68326294　　　金 书 网：www.golden-book.com
封底无防伪标均为盗版　　　机工教育服务网：www.cmpedu.com

　　汽车工业的高速发展，催生了汽车售后市场的蓬勃兴起。随着私家车数量的增加，事故车的修复需求日趋上升，对汽车钣金、涂装、装饰美容的从业人员的需求也急剧增长。为了满足汽车维修职业教育与汽车维修行业零距离对接的要求，烟台瑞达汽车科技有限公司与职业院校骨干教师，共同分析汽车维修企业实际工作情况，筛选实际维修中常见的汽车修复项目，并进一步优化，实现在保证维修质量的前提下提高工作效率，形成了汽车精致修复教学实训项目，同时将汽车钣金、涂装、装饰美容工艺知识目标与汽车精致修复教学实训项目紧密结合，编写了此教材。

　　《汽车精致修复理实一体化彩色教程》根据理实一体化课程改革的理念和要求，贯彻以学生为中心，以职业活动为导向，以提升综合职业能力为核心的原则，打破传统学科知识体系，注重项目引领、任务驱动，调动学生的主观能动性和参与意识，实现理论教学和实践教学融通合一、能力培养与岗位技能对接合一的要求。

　　本书由烟台汽车工程职业学院纪建平、烟台瑞达汽车科技有限公司于晓亮、常州交通技师学院徐诞担任主编；烟台文化旅游职业学院王永担任副主编；常州交通技师学院施锌涛，蚌埠技师学院焦其彬、方习贵，大连交通技师学院卢扬，邯郸技师学院许志强，临沂技师学院孙钦超，哈尔滨第二职业学校王玉珊、李传杰、侯再刚，牡丹江市职业教育中心学校解本江，福州市第一技师学院赵旻，烟台市船舶工业学校宋明祥，天津市东丽区职业教育中心学校许德磊任参编。纪建平编写项目一，于晓亮编写项目二的任务一和任务二，徐诞编写项目二的任务三和项目三的任务一，王永编写项目三的任务二，施锌涛编写项目三的任务三，焦其彬编写项目四的任务一，方习贵编写项目四的任务二，卢扬编写项目四的任务三，许志强编写项目五的任务一，孙钦超编写项目五的任务二，王玉珊编写项目五的任务三，李传杰编写项目六的任务一，侯再刚编写项目六的任务二，解本江编写项目六的任务三，赵旻编写项目七的任务一，宋明祥编写项目七的任务二，许德磊编写项目七的任务三。纪建平、于晓亮、徐诞负责全书的统稿、定稿。世界技能大赛车身修理项目全国选拔赛裁判组组长兼项目指导教练、日照市首席技师庄永成担任主审。

关于本书的教学资源及师资培训事宜，请联系汲广任，电话 18605353170。

由于编者水平有限，书中疏漏之处在所难免，恳请同行专家和广大读者批评指正。

编　者

二维码目录

（续）

素材名称	二维码	页码	素材名称	二维码	页码
打磨		P98	塑料焊枪焊接		P121
雾化镀膜		P100	抹平打磨		P122
固化		P104	皮革纹路复制膏使用方法		P139
塑料焊机植钉修复		P120	轻微缺失补伤		P141
V型槽打磨		P120	复制皮纹		P146

CONTENTS
目 录

项目一 车身免喷漆凹陷修复

项目描述

当汽车车身外覆盖件表面发现凹陷时，通常首先想到的解决方式就是通过汽车钣金整形，再通过油漆喷涂处理完成修复，这也是目前很多4S店和汽车维修店采用的修复方式。但是，传统的钣金和喷漆修复工艺过程比较烦琐，而且比较耗时，更重要的是不能保留原车漆，这种修复方法对于一些损伤区域较小或损伤程度较轻的车辆外覆盖件并不合适。免喷漆凹陷修复方法，可以有效提高损伤修复质量，避免传统修复过程的打磨、涂腻子、喷漆、烘烤等操作对原车车漆造成不必要的损伤。

学习目标

知识目标

1. 了解免喷漆凹陷修复的概念和历史。
2. 了解免喷漆凹陷修复的特点及与传统维修方法的区别。
3. 掌握不同材料车身的不同维修方法。
4. 掌握免喷漆凹陷修复工具的使用方法。
5. 掌握不同形状凹陷修复的技术要领。

技能目标

1. 能正确使用撬杠和整平灯对点位进行维修。
2. 能正确使用溶胶滑锤式拉拔器进行凹陷修复。
3. 能正确使用溶胶桥式和钳式拉拔器进行凹陷修复。
4. 能根据凹陷的位置不同，选择合适的修复方法。

素养目标

1. 培养一丝不苟、精益求精的工匠精神。
2. 培养辛勤劳动、诚实劳动的劳动理念。
3. 培养争创一流、勇于创新的劳模精神。

任务一　了解汽车车身凹陷修复基础知识

汽车车身凹陷是指汽车车身受外力影响，在车身上形成的大小、深浅不同的坑瘪，如图 1-1-1 所示。车身免喷漆修复是采用撬杠、拉拔器等专业工具对车身凹陷进行修复，作用力直接作用在凹陷的钢板部位，不会破坏车身表面车漆的一种修复方法。车身免喷漆修复也叫车身凹陷修复、汽车无痕修复、汽车吸坑、汽车微整形等。

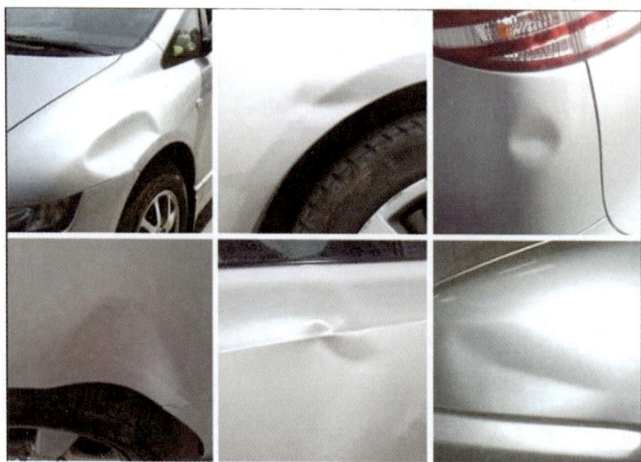

图 1-1-1　车身大小、深浅不同的坑瘪

汽车凹陷修复起源于 20 世纪 40 年代的德国。梅赛德斯 - 奔驰的车身在制造的时候由于冲压技术不成熟，车身上偶尔会出现大面积的凹陷，所以维修技师发明了反面摩擦修复凹陷的方法，之后随着冲压技术的逐渐成熟，凹陷修复技术也被搁置了近半个世纪。

20 世纪 70 年代，美国的一场冰雹使当时很多刚出厂的车辆被突如其来的天灾砸得面目全非。由于此次冰雹造成的受损车辆较多，为了能让受损车辆在保值的情况下完成修复，美国政府组织了一个技术研究团队，专项研究不会破坏车漆的凹陷修复技术。在通过研究与实验后，开发出了能够成功修复受损车辆车身凹陷的技术。后来此项技术又不断被德国、日本、韩国等多国改进并推广，所以有了今日的车身凹陷修复技术。该项技术很早就传入了中国，但是由于都是封闭式施工，技术推广较慢，初期这种维修技术只掌握在少数人手中，维修的方法也保密，学习车身凹陷修复技术通常需要拜师，费用也十分昂贵。

截至 2021 年底，全国汽车保有量达 3.02 亿辆。据统计 90% 以上的车辆由于交通事故、运输损伤、日常剐蹭、恶劣天气等各种原因使车身上形成大小不等的凹陷，如图 1-1-2 所示。

碰撞剐蹭	冰雹打击	飞石撞击	恶意破坏

图 1-1-2 不同情况导致的车身凹陷

在交通事故造成的车身凹陷中，不破坏车漆的损伤约占 35% 左右；车辆运输过程中造成的车身凹陷约占 5% 左右；日常生活中的车身凹陷约占 50% 左右，如飞石撞击、车门碰撞恶意破坏等；随着气候环境的不断恶化，全国每年都遭受不同程度的冰雹危害，冰雹打击的车是凹陷修复中比较容易修复的车身凹陷，这是由于冰雹落在车身表面造成的圆坑通常较为平缓。

一、车身免喷漆凹陷修复的原理

车身凹陷修复利用了物理学中的杠杆原理、力学原理，还有光学的反射原理，将车身凹陷损伤处修复到原来的状态。当漆面和车身同时发生凹陷时，利用杠杆工具，从车身内部向外挤压，然后将凹陷一步步细化，直至凹陷完全消失。整个凹陷修复过程非常慢，对车身修复技师的水平要求非常高，如图 1-1-3 所示。

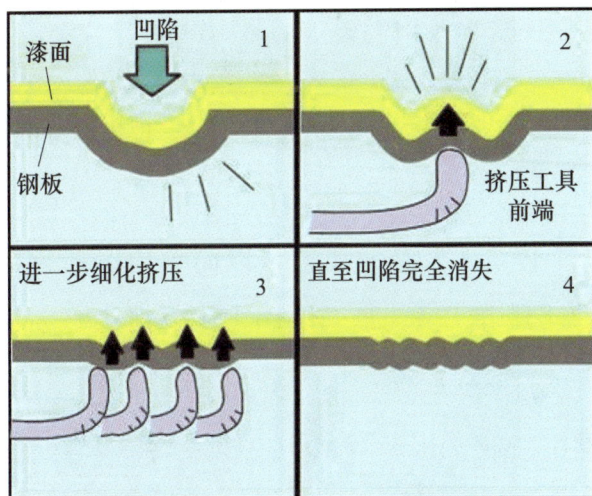

图 1-1-3 凹陷修复原理图

二、汽车免喷漆凹陷修复特点

1）汽车免喷漆凹陷修复不破坏、损伤车辆的原车漆。

2）汽车免喷漆凹陷修复无须进行钣金喷漆，降低了维修成本。

3）汽车免喷漆凹陷修复过程中无材料消耗，修复成本为零。

4）汽车免喷漆凹陷修复后修复表面不变形、不褪色。

5）汽车免喷漆凹陷修复技术节能、环保、无噪声、无污染、方便、快捷。

6）汽车免喷漆凹陷修复技术最大程度地保护车辆的原有价值。

三、车身免喷漆凹陷修复与传统钣金修复对比

1. 车身免喷漆凹陷修复工艺

车身免喷漆凹陷修复工艺通常包括吸、拉、顶、敲四个工序，如图 1-1-4 所示。吸，就是将热熔胶融化涂抹在拉拔垫上，并使其吸附在损伤部位。拉，就是采用拉拔器等工具对拉拔垫就行拉拔，使凹陷恢复原形。顶，就是采用撬杠等工具从凹陷背面将其顶出恢复原来的形状。敲，就是用橡胶锤和整平笔对车身上的凸点进行敲击，使其恢复到原来形状。

图 1-1-4　现代车身免喷漆凹陷修复工艺

2. 传统钣喷修复工艺

传统钣喷修复工艺可以简单地概括为抛光（旧漆面打磨）、焊接、拉拔、喷漆（抛光）等工序，如图 1-1-5 所示。

图 1-1-5　传统钣喷修复工艺

四、汽车车身结构、材料与油漆

要想更好地掌握车身凹陷修复技术，必须对汽车车身板件的结构、材料、油漆有一定的了解。

1. 汽车车身外覆盖件的结构

车身外覆盖件主要由发动机舱盖、前保险杠、前翼子板、车顶、前门、后门、后翼子板、行李舱盖、后保险杠等组成，如图 1-1-6 所示。

图 1-1-6 车身外覆盖件结构

汽车车身外覆盖件部位不同，修复难度也不相同。

1）如图 1-1-7 所示，黑色区域凹陷修复难度小，这些区域都是单层钢板结构，采用一般的常用工具即可完成修复需求。

图 1-1-7 不同部位车身外覆盖件结构

2）灰色区域凹陷修复难度为中，这些区域基本都是单层结构，少数是夹层结构，需要选择合适的工具才能完成修复需求。

3）红色区域凹陷修复难度较大，因为这些区域基本都是夹层结构，少数为双层结构，需要拆卸一些汽车部件后进行作业，其工具选择需要根据实际车辆结构情况与维修需要灵活选用。

4）白色区域凹陷修复难度最大，这些区域基本都是双层、夹层、卷边结构，工具选择需要不断尝试。

2. 汽车车身外覆盖件的材质

目前，随着车身品牌与安装部位不同，车身外覆盖件制造所使用的材质也不相同。

（1）铝合金车身

铝合金车身相比于钢板车身具有重量轻的特点，铝合金件只有钢件重量的40%，可承受同样的冲击，铝板能比钢板多吸收50%的冲击能。铝合金车身以其节能降耗、利于环保、安全舒适等优点而备受青睐。

铝合金车身板材相比于钢板车身板材具有很多的优点，但在凹陷免喷漆修复技术领域里，由于铝合金的延展性较差，相比于钢板车身凹陷，铝合金车身板材凹陷要难修复得多，同样的凹陷，铝合金车身板材的凹陷修复时间也要比钢板车身板材凹陷修复时间要长得多。

（2）钢板车身

钢板车身板材在汽车凹陷修复行业里被称为钢制车身，很多中低端车型车身采用的是钢板车身板材。而钢制车身的特点就是强度高和延展性好。出现凹陷后相比于其他材质的车身更易修复。

（3）强化塑料车身

强化塑料车身板材几乎在所有车型上都能看到，如汽车的前后保险杠均采用强化塑料，强化塑料具有重量轻、可塑性强的特点，塑料件在一定程度上可以很好地吸收撞击能，减轻对车内人员的伤害。

强化塑料车身板材不能用凹陷修复工艺进行修复，表面漆面没有破损的部位用热风枪局部加热，利用热胀冷缩的原理进行修复，破损的塑料件用塑料件维修工艺可以进行修复。

3. 车身油漆

（1）原车漆

汽车原车漆面分很多层，包括磷化膜层、电泳层、中涂层、色漆层和清漆层，如图1-1-8所示。每层的作用不同，其中磷化膜层和电泳层是起到非常重要的防锈防腐蚀作用。最重要的是原车漆的漆面经过200℃的高温烘烤，漆面附着力强，因此，原车漆是可以进行免喷漆修复的。

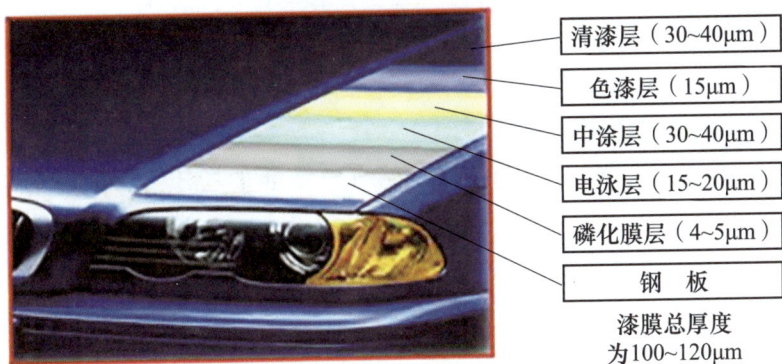

清漆层（30~40μm）
色漆层（15μm）
中涂层（30~40μm）
电泳层（15~20μm）
磷化膜层（4~5μm）
钢 板

漆膜总厚度
为100~120μm

图 1-1-8 漆膜厚度及车漆喷涂层次

（2）后喷漆

后喷漆由人工操作，在漆面均匀性上无法跟机器喷涂相比。由于调漆和喷涂工艺的问题，加上后喷漆漆面氧化速度快，车身漆面会产生不同程度的色差。

后喷漆由于工艺的局限性达不到原车漆的效果，凹陷修复中采用的修复方式也略有不同。由于后喷漆的烘烤温度达不到标准的 200℃（一般为 40~50℃），漆面附着力差，所以不能采用拉拔的方式进行修复，只能采用撬杠的方式进行修复，如果凹陷位置附有腻子，凹陷修复过程中有漆面脱落或者开裂的风险。

（3）判断原车漆的方法

1）分辨色差：仔细观察需要凹陷修复的车身部件是否与周围的部件有颜色的区别，如图 1-1-9 所示。

原车漆
后喷漆

图 1-1-9 判断原车油漆的方法

2）观察边角：仔细观察边角处，判断是否有维修痕迹。

3）利用凹陷修复工位：通过借助专业的光学棱镜灯进行对比判断。

需要特别注意的是，不是所有的车身凹陷损伤都可以进行免喷漆修复。除了上述后喷漆以外，漆面破损也是无法进行免喷漆修复的，因为汽车凹陷修复是利用凹陷整平灯将灯光反射到车身上，来观察凹陷修复工具到达的位置，而漆面破损导致无法用灯光判断工具到达的位置，所以不能进行维修。车身凹陷如果过度拉伸（例如凹陷处原本 $0.01m^2$ 钢板过度拉伸成为 $0.012m^2$）也只能通过传统的钣金工艺修复处理。

任务二　设备工具的认知

一、电磁凹陷修复仪

电磁凹陷修复仪（图 1-2-1），其工作原理是通过电磁加热，使车身凹陷位置附近金属快速升温，再使用修复头在凹陷部位的周围进行修复操作，使外覆盖件金属释放张力，凹陷部位自动弹出。

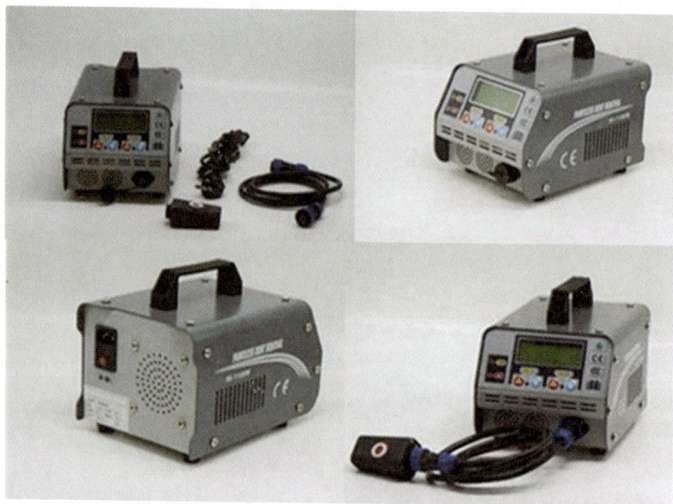

凹陷修复仪操作使用方法

图 1-2-1　电磁凹陷修复仪

其操作方法如图 1-2-2 所示，手持修复头，打开电源开关，首先在 1 号圈周围加热，然后按图所示，对 2 号圈周围进行加热，以此类推，最后集中在 4 号标记处（凹陷处）加热。

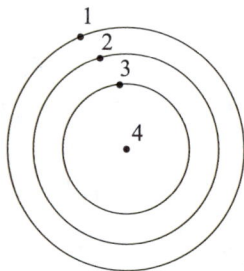

使用电磁凹陷修复仪相比较于传统的修

图 1-2-2　电磁凹陷修复仪操作方法

复方式有以下优点：

1）时间比较短，一般小的汽车凹陷问题，几十秒就可以完成修复。

2）处理后的汽车车身不会损伤原车漆，不影响汽车价值评估。

3）易于操作，易于学习。电磁凹陷修复仪处理汽车车身凹陷问题时，便捷、快速，技术难度低。

电磁凹陷修复仪不能用于铝合金车身凹陷的修复，即便对钢质车身凹陷修复，也存在一定局限性，以下凹陷类型是不能使用修复仪修复的：

1）变形程度过大的凹陷。

2）钣金修理过的部位。

3）车漆折痕部位。

4）车身棱线处的凹陷。

二、汽车凹陷棱镜灯

汽车凹陷棱镜灯主要用于新车出厂前或车身凹陷修复时进行车身表面缺陷检测，通过棱镜的作用可以降低灯具的眩光作用，同时缺陷处可以产生明显的光线弯曲，使色差、划痕、细孔、桔皮纹、凹陷等缺陷能轻易被发现，如图1-2-3所示。

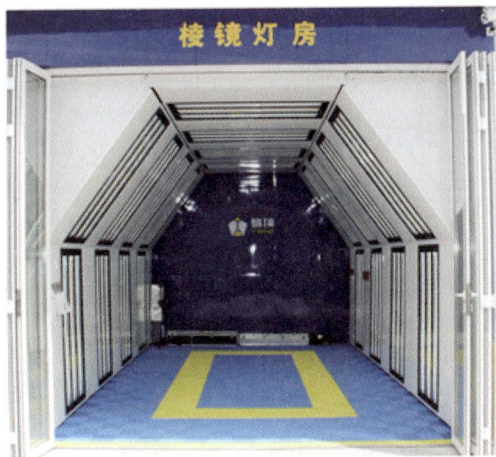

图 1-2-3　棱镜灯房

三、凹陷修复工具套装

凹陷修复工具套装，如图1-2-4所示。

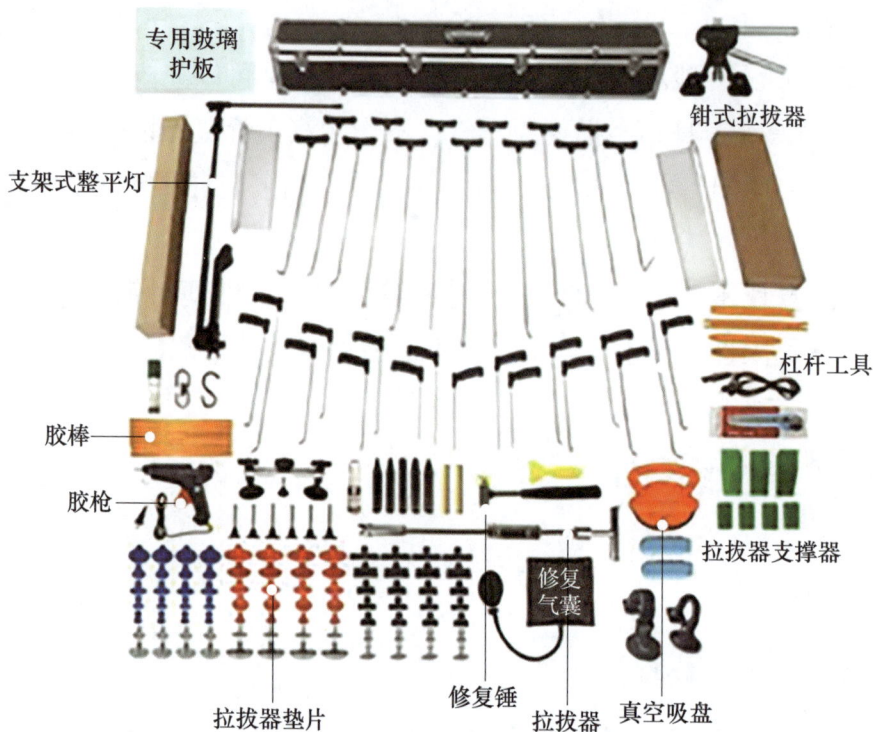

图 1-2-4　凹陷修复工具套装

1. 杠杆工具

（1）杠杆工具的材质

车身凹陷修复使用的杠杆工具，又称为撬杠。撬杠材质为无碳锰钢，具有硬度高、韧性强、弹性大的特点，如图 1-2-5 所示。

如果撬杠硬度低，可以修复薄钣金的凹陷，但钣金稍微硬的（进口车或者铝合金车身）车身凹陷无法修复；如果撬杠韧性差，修复硬车身或者铝质车身凹陷时工具容易变形；如果撬杠没有弹性，凹陷修复过程中车身凹陷处的油漆容易开裂。

（2）杠杆工具的规格

撬杠具有大小不同、形状各异的规格，如图 1-2-6 所示。首先我们需要了解每种规格撬杠的作用和用途。凹陷修复工具需要灵活多用，通过不断尝试找到最省力、最有效的工具。图 1-2-6 所示工具具体用途如下。

① 圆头工具用来修复单层结构的凹陷。

② 扁头工具用来修复夹层结构的凹陷。

③ 扇面工具用来修复边角夹层结构。

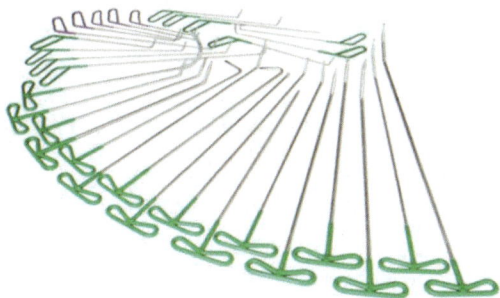

图 1-2-5　凹陷修复的撬杠

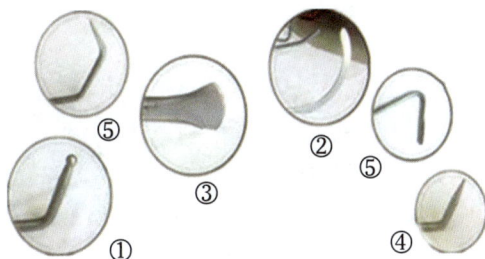

图 1-2-6　撬杠规格

④ 尖头工具用来精致修复处理圆头、扁头等工具留下的小凹陷。

⑤ 倒钩工具用来修复边角卷边的凹陷。

（3）杠杆工具的使用方法

凹陷修复其实是利用杠杆原理完成修复过程。凹陷修复中，操作者的手作为施力点，车身凹陷受损位置作为受力点，在车身部件找到合适的位置作为支点，如图 1-2-7 所示。

施力点

支点

车身凹陷受力点

杠杆工具使用过程中的加力方式

图 1-2-7　杠杆工具修复凹陷的原理

（4）杠杆工具的选用原则

杠杆工具的选择要遵循以下两个原则：用长不用短，用粗不用细。工具越长越省力，力度越容易控制；工具越粗承受力越强，加力的过程中工具不容易变形。

（5）杠杆工具的运用技巧

凹陷修复中撬杠施力一般分为三种运用方法：垂直加力、转动工具手柄加力与转动工具手柄垂直加力，如图 1-2-8 所示。

垂直加力　　转动工具手柄加力　　转动工具手柄垂直加力

图 1-2-8　撬杠的运用技巧

2. 拉拔器

（1）滑锤式拉拔器

滑锤式拉拔器是由拉头、滑动块、拉杆、手柄等组成，如图 1-2-9 所示。工作时利用滑动块动能，通过快速拉动滑动块将凹陷拉平，操作方便简单，效率高，适用于各种大小的凹陷。

🔧 **使用方法**　将拉头钩住拉拔垫片，左手握住手柄，右手握住滑动块，顺着拉杆，将滑动块向车体外方向撞击，需配合胶枪和拉拔垫片使用。

拉头　　　　　滑动块　　　　　拉杆　　　　　手柄

图 1-2-9　滑锤式拉拔器

（2）桥式拉拔器

桥式拉拔器是由牵引拉力桥和螺纹旋转钮组成，如图 1-2-10 所示。工作时，通过螺纹旋转钮逐步旋转提拉，将凹陷拉平，适用于较深凹陷修复，还可以配合杠杆使用。

🔧 **使用方法**　将牵引拉力桥中间的孔对准牵引杆，把螺纹旋转钮套在牵引杆上，慢慢锁紧。需配合胶枪和牵引垫片使用。

（3）钳式拉拔器

钳式拉拔器是由调节螺母、垫片接口、底座橡胶、操作杆组成，如图 1-2-11 所示。工作时，通过反复握压操作杆，将凹陷拉平，适用于板材比较薄的凹陷，底座橡胶可以有效保护周围板材，防止板材变形。

🔧 **使用方法**　将钳式拉拔器放到车身凹陷处粘好垫片的位置上，通过调节螺母调整垫片接口与凹陷的距离，直到完全卡好拉拔垫片为止，用手握住拉拔器操作杆，反复握压，直到凹陷修复完成，需配合胶枪和拉拔垫片使用。

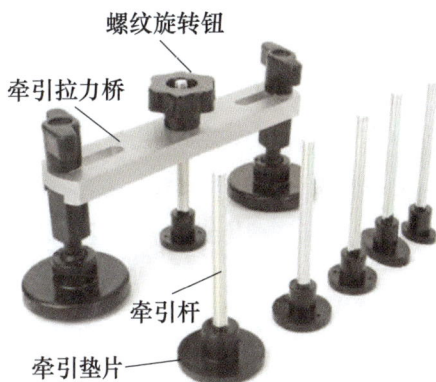

图 1-2-10　桥式拉拔器

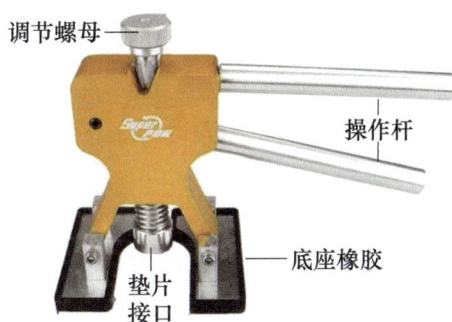

图 1-2-11　钳式拉拔器

3. 拉拔垫片

拉拔垫片是由高强度的尼龙材料（PA6）加工而成，形状大小规格不同，适用于不同形状大小的凹陷，如图 1-2-12 所示。

🔧 **使用方法**　用胶枪在垫片上均匀涂胶，将拉拔垫片贴入凹陷部位，需配合胶枪、胶棒、拉拔器使用。

4. 护板

护板的作用是在车窗玻璃处使用杠杆工具时，用来保护汽车玻璃，防止工具划伤汽车玻璃表面，如图 1-2-13 所示。

图 1-2-12　拉拔垫片

图 1-2-13　护板

🔧 **使用方法** 先将汽车车窗玻璃降到最低位置，将玻璃护板插于车窗玻璃外侧，操作开关将车窗玻璃升起，检查玻璃护板是否与车窗玻璃外侧完全贴合，不可将玻璃护板插于车门玻璃内侧。需配合修复气囊和杠杆工具使用。

⚠️ **注意** 部分车辆的车窗玻璃是双层玻璃，双层玻璃不可以使用垫板下杠杆工具，只有单层玻璃的车辆可以使用。

5. 修复气囊

修复气囊用于汽车车门及双层部位的扩张，如图 1-2-14 所示。

🔧 **使用方法** 插入车门玻璃缝隙等缝隙小的部位充气扩张，使凹陷回弹。车门玻璃处扩张需配合护板使用。

6. 车门支撑杆

车门支撑杆用来支撑车门、机舱盖和行李舱盖，如图 1-2-15 所示。

🔧 **使用方法** 在修复时方便支撑车门、机舱盖，并且可以任意调节长度，方便施工。

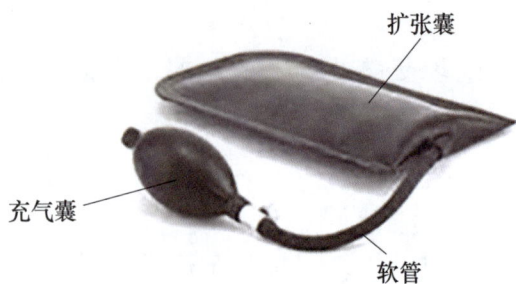

图 1-2-14 修复气囊

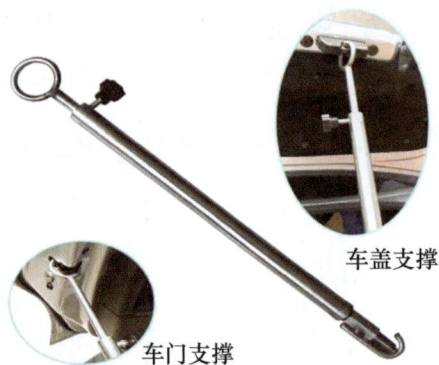

图 1-2-15 车门支撑杆

7. 辅助挂环

辅助挂环常在机舱盖、行李舱杠杆修复时，找不到合适支点的情况下使用，如图 1-2-16 所示。

🔧 **使用方法** 车身上找到合适的工艺孔，将挂环带有挂钩的一头挂在工艺孔内，杠杆工具穿过挂环，利用挂环作为支点。

8. 整平笔

整平笔用于处理修复过程中各种形状大小的凸起，如图1-2-17所示。

🔧 **使用方法** 整平笔需配合橡胶锤使用，处理凸起的点位，力度上需由轻到重逐步加力，各型号规格适用情境如表1-2-1所列。

图1-2-16 辅助挂环

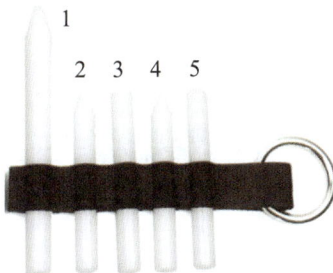

图1-2-17 整平笔

表1-2-1 点状凸起整平笔

名　　称	规　　格	作　　用
1号整平笔	6mm平面整平笔	适合扩坑及振坑
2号整平笔	10mm弧面整平笔	适合较大凹坑边缘凸起整平
3号整平笔	15mm圆弧形整平笔	适合大面积凹陷边缘凸起及大面积凸起整平
4号整平笔	2mm点状凸起整平笔	适合小的点位找平
5号整平笔	12mm圆头整平笔	适合较大面积凹坑的凸起整平

9. 热熔胶枪、热熔胶棒、除胶铲、除胶剂

热熔胶枪、热熔胶棒、除胶铲、除胶剂如图1-2-18所示。

热熔胶枪

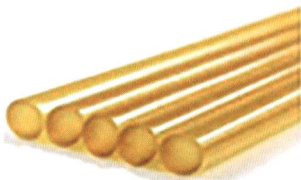

热熔胶棒

除胶铲

除胶剂

图1-2-18 热熔胶枪、热熔胶棒、除胶铲、除胶剂

热熔胶枪使用方法：将热熔胶枪连接电源后，将热熔胶棒插入热熔胶枪，打开电源开关，待热熔胶枪开始出胶后即可使用。凹陷修复中热熔胶枪、热熔胶

棒需配合拉拔垫片使用。

热熔胶棒使用方法：采用热熔胶枪与相应大小拉拔垫片共同配合实现操作。其特点明显，黏合强度大，不伤原车车漆，清理方便省时。

除胶剂使用方法：用来清洁拉拔垫片及钣金件表面留下的残胶。操作时注意远离火源，不可在阳光下暴晒。

任务三　车身免喷漆凹陷修复实训操作

实训准备

1. 实训人员必须穿戴相应的防护用品（工作服、口罩、防护手套、护目镜等）。

2. 实训作业之前对汽车外观做好必要的防护（发动机舱盖、翼子板、车门等），以免操作过程中划伤车漆。

3. 实训过程中时刻检查电源插座、实训设备电源是否完好，防止发生触电。

4. 玻璃修复需在室内、夜晚等无紫外线的环境下进行操作。注意树荫、阴天、阴影等地方也会有紫外线存在。修复液触到紫外线会快速固化，不能渗透进裂痕深处进行修复。

5. 遇雨雪天气，洗车后两天内不宜操作（务必先把裂缝内的水分晒干）。

实训时间

45min

一、单点凹陷修复操作

1. 观察点：杠杆工具到达的位置

操作方法：如图 1-3-1 所示，将杠杆工具在车身上找到支点，通过挤压工具前端，观察钢板漆面是否有高点（即杠杆工具前端到达的位置），如果漆面没有变化，则继续给杠杆工具施加力，直到漆面有稍微明显的高点（杠杆工具前端到达的位置）后停止加力。

2. 寻找点：移动杠杆工具达到凹陷位置

操作方法：如图 1-3-2 所示，根据凹陷的具体位置从凹陷位置的左边（或右边）观察杠杆工具到达的点位（漆面变化），移动杠杆工具逐步向凹陷位置靠近。

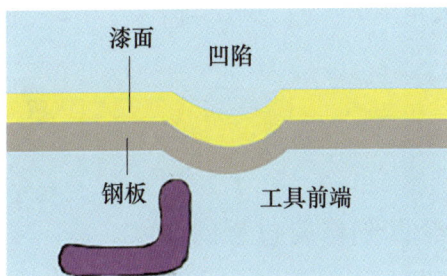

图 1-3-1 观察点

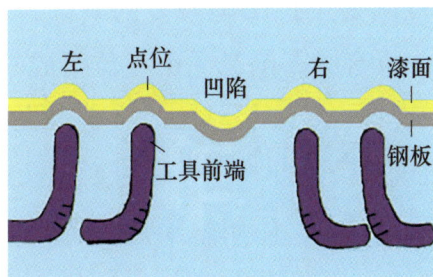

图 1-3-2 寻找点

⚠ **注意**　寻找点不可以在一条直线上前后方向寻找，任何物体都分为前后左右四个方向，凹陷也是一样。凹陷修复中，整平灯永远在凹陷前方，眼睛在凹陷后方，如果凹陷和整平灯之前有一个高点，就无法看清后面的凹陷。凹陷修复中，凹陷都看不清，如何修复凹陷？如图 1-3-3 所示，太阳比如整平灯，大山比如高点，山洞比如凹陷，由于大山的遮挡，后面的山洞永远接受不到阳光。

3. 顶点：利用杠杆工具将凹陷顶平

操作方法：如图 1-3-4 所示，通过寻找点将杠杆工具移动至凹陷的最深处，给杠杆工具手柄施加压力，通过挤压杠杆工具前端将凹陷顶平。

⚠ **注意**　杠杆工具必须移动至凹陷最深处才可以给杠杆工具加力，不可移动至凹陷边缘就给杠杆工具施加压力顶起凹陷，凹陷边缘顶平之后，凹陷最深处会变得更难修复。

图 1-3-3 寻找点的方法

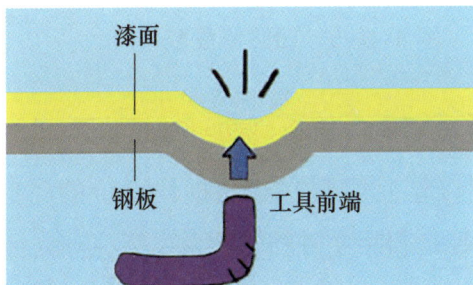

图 1-3-4 顶点

4. 技术要领

看点、找点的过程是调整工具的位置，注意控制力度，不可在实训板件上顶出高点。杠杆工具加力需由轻到重逐步加力，力量过大漆面会开裂。

点位的练习需配合整平灯、整平笔、橡胶锤操作。杠杆工具顶点的准确度和力度的控制是点位凹陷修复的基础，也是重要部分。点位练习不好，凹陷就无法修复，所有的凹陷都是由点位组成的。

二、整平灯的使用方法

凹陷修复中，使用整平灯的时间占整个凹陷修复过程的 70%，没有整平灯的凹陷修复一般归于传统钣金修复。

汽车凹陷修复整平灯还有个名称叫凹坑修复检测仪。由于受观察角度的影响，修复技师如果不借助灯光照射，就无法准确地判断车身凹陷位置、凹坑大小，将影响修复整平效果。因为整平灯的灯光照射在车身凹陷处时，可以通过观察光线反射情况来判断凹陷的位置、大小以及检测凹陷的修复效果。

整平灯主要由电源、灯管、反光板、万向节、支架组成，如图 1-3-5 所示。

如图 1-3-6 所示，整平灯的光源通过反光板反射到车身凹陷位置，这样便于观察凹陷位置，能够提高整体凹陷修复质量。

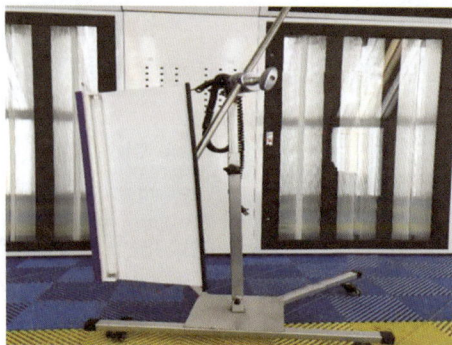

图 1-3-5　凹陷修复整平灯

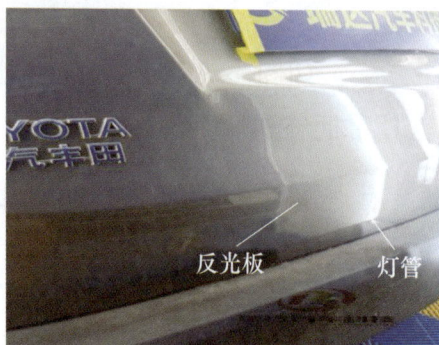

图 1-3-6　整平灯的光线反射

1. 高点与低点位置确定

利用灯管反射观察漆面损伤点位的高低。如果损伤点位偏高，将灯管移动至点位位置，此时放射的灯光将发生变形，因为点位较高将产生凸面镜散光作用，如图 1-3-7 所示。

如果损伤点位偏低，灯管移动至点位位置时，光斑变大，因为点位较低将产生凹面镜聚光作用，如图 1-3-8 所示。

图 1-3-7　点位偏高的光线反射　　图 1-3-8　点位偏低的光线反射

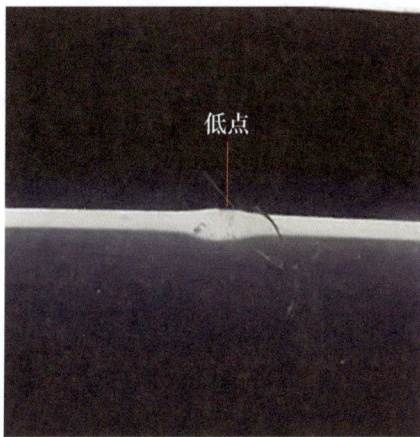

2. 整平灯摆放角度与最佳距离

灯光与凹陷部位平面夹角应小于 90°，通过实践证明，整平灯与凹陷位置的平面夹角最佳角度为 75° 左右，如图 1-3-9 所示。

整平灯摆放距离修复面 20～30cm 处最佳。整平灯逐步往后摆放，直到在车身上无法看清凹陷时，停止移动，如图 1-3-10 所示。

图 1-3-9　整平灯的摆放角度　　图 1-3-10　整平灯的摆放距离

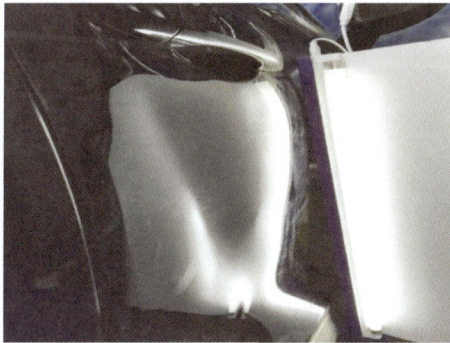

3. 整平灯摆放位置

整平灯摆放的位置要根据凹陷的实际情况摆放，整平灯灯管和反光板要尽可能地与凹陷纹路呈平行摆放，尤其是对长条凹陷。

凹陷修复中，首先需看得清凹陷才能进行修复，凹陷位置必须是亮的。

三、车身免喷漆凹陷修复操作工艺

1. 操作准备

实训人员必须穿戴好防护用品（口罩、护目镜、防护手套等），对实训车辆进行必要的防护，整理准备实训工具设备和用品，如图 1-3-11~ 图 1-3-13 所示。

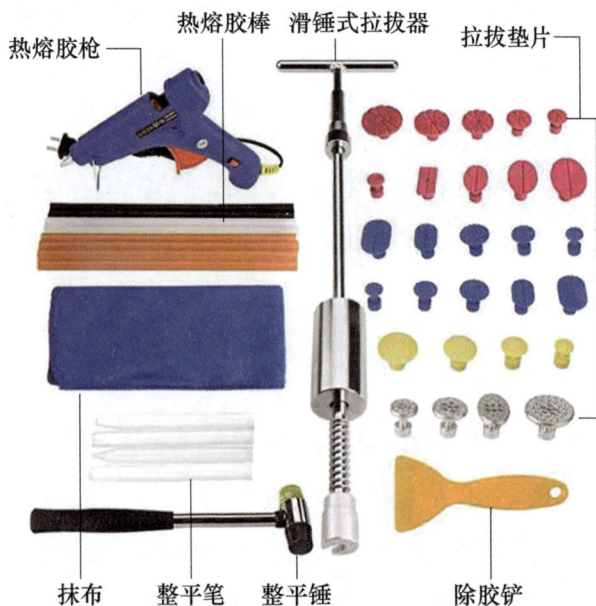

热熔胶枪　热熔胶棒　滑锤式拉拔器　拉拔垫片

抹布　整平笔　整平锤　除胶铲

图 1-3-11　滑锤式拉拔工具

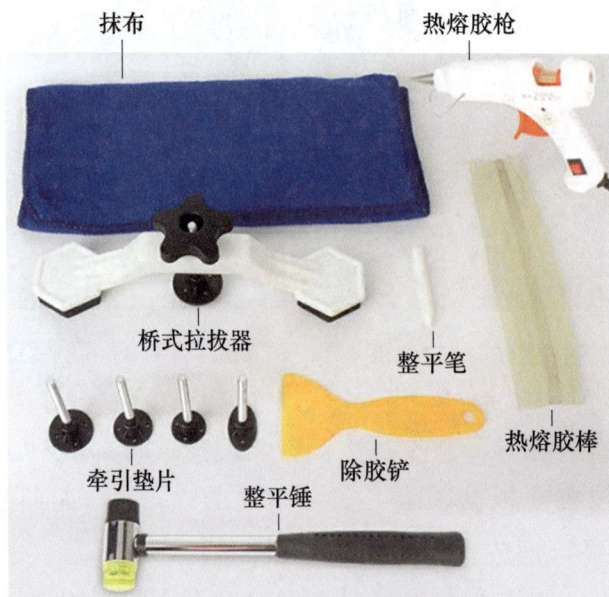

抹布　热熔胶枪

桥式拉拔器　整平笔　热熔胶棒

牵引垫片　除胶铲

整平锤

图 1-3-12　桥式拉拔工具

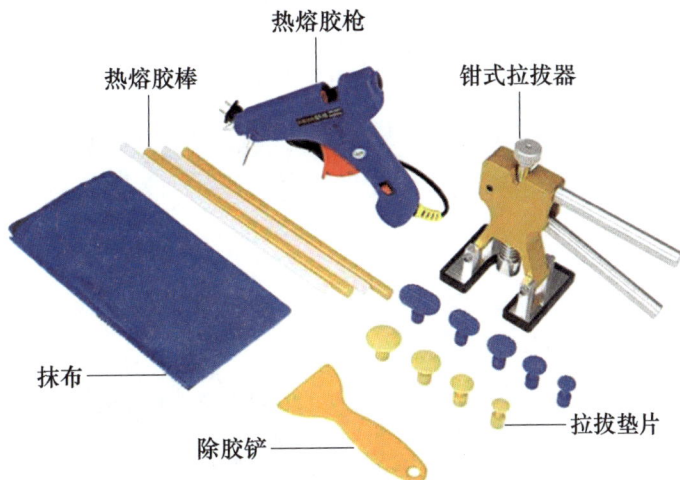

图 1-3-13 钳式拉拔工具

> ⚠ **注意** 凹陷修复最佳的环境温度是 18~35℃，温度过低会导致热熔胶凝结时间太快，表面太脆，没有吸力，温度过高，热熔胶表面不完全凝结。冬天施工可以用热风枪对凹陷位置和塑料垫片进行表面加热。

2. 清洗表面

首先用干净的抹布清洁凹陷表面，并用浓度 95% 的酒精清洁拉拔垫片，去除表面脏污和灰尘，查看拉拔垫片表面是否有残胶，并将整平灯正确摆放。

> ⚠ **注意** 如果车漆表面做过漆面养护（打蜡或镀晶），表面附着力将降低，此时可以使用抹布配合柏油清洗剂擦拭车身表面，如图 1-3-14 所示。

3. 准备胶枪

把胶棒装入热熔胶枪中，通电，将热熔胶枪垂直放置，预热约 5min，直到胶液从热熔胶枪滴出来，此时热熔胶黏性最佳，如图 1-3-15 所示。

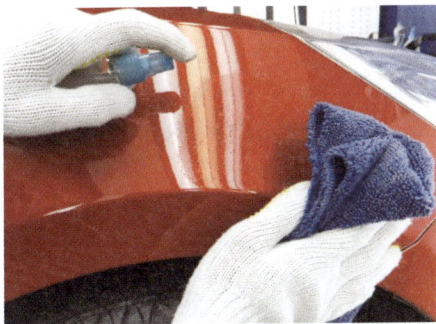

图 1-3-14 表面清洁

图 1-3-15 热熔胶枪准备

4. 选择垫片

根据凹陷大小选择合适的滑锤式拉拔垫片（拉拔垫片一定要略小于凹陷），用胶枪在选好的拉拔垫片上均匀地涂满热熔胶，如图 1-3-16 所示。

如果采用桥式拉拔器，常用的有六种大小不同的拉拔垫片，根据凹陷大小正确选择，如图 1-3-17。

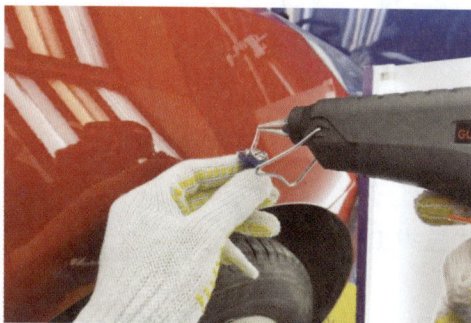

图 1-3-16　选择滑锤式拉拔垫片

图 1-3-17　选择桥式牵引垫片

5. 安装拉拔垫片

涂上热熔胶之后迅速将拉拔垫片安装至凹陷中心位置，轻轻按压直到稍微凝固后松手。

⚠ **注意** 如何判断什么时间为最佳拉拔时间？可以用手指去触摸热熔胶表面，热熔胶表面有余温，向外拉动有拉丝的现象，此时热熔胶黏度最高。

热熔胶如果等待时间太长，则胶性太脆，吸附力弱；等待时间太短，则热熔胶没有完全凝固，同样吸附力弱，如图 1-3-18 所示。

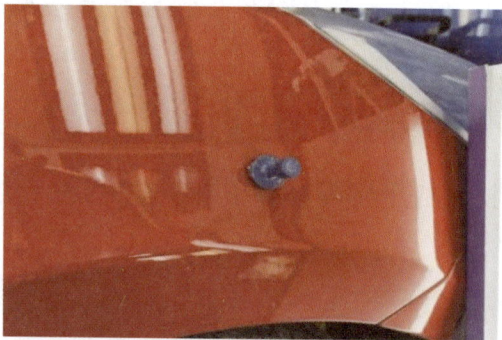

图 1-3-18　安装拉拔垫片

6. 安装拉拔器与修复操作

（1）滑锤式拉拔器

用 T 形拔头卡住拉拔垫片，左手握住手柄，右手握住滑块，顺拉锤轴向，将滑块向车体外方向撞击，利用滑块冲击力进行拉拔，如图 1-3-19 所示。

⚠ **注意** 拉拔器在使用过程中，拉拔器方向要与拉拔垫片成垂直 90° 进行操作。如果拉拔器方向向一侧倾斜，则容易造成倾斜侧出现月牙凹陷。

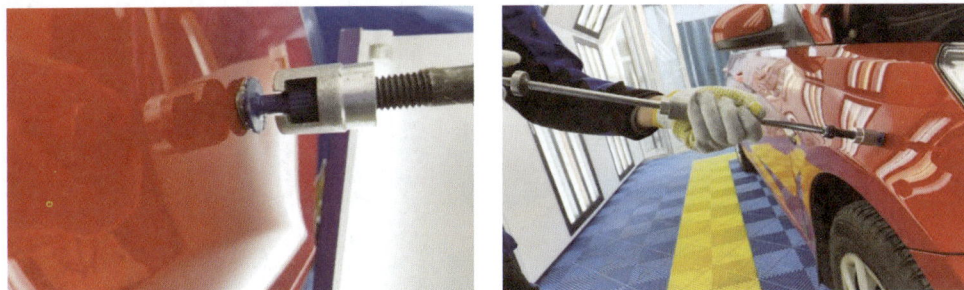

图 1-3-19 滑锤式拉拔修复

（2）桥式拉拔器

将牵引拉力桥中间的孔对准牵引杆，把螺母旋转钮套在牵引杆上，慢慢锁紧，逐步向上拉起，持续操作，直到凹陷基本回复，如图 1-3-20 所示。

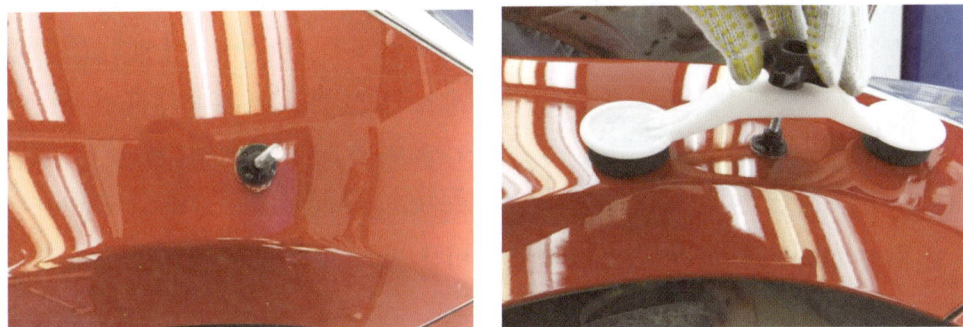

图 1-3-20 桥式拉拔修复

桥式拉拔器支架底面必须贴合车身表面，否则在拉拔过程中容易出现新的凹陷。

（3）安装钳式拉拔器

将钳式拉拔器放到车身凹陷处粘好拉拔垫片的位置上，通过调节螺母调整垫片接口与凹陷的距离，直到完全卡好拉拔垫片为止，用手握住拉拔器操作杆，反复握压，直到凹陷修复完成，如图 1-3-21 所示。

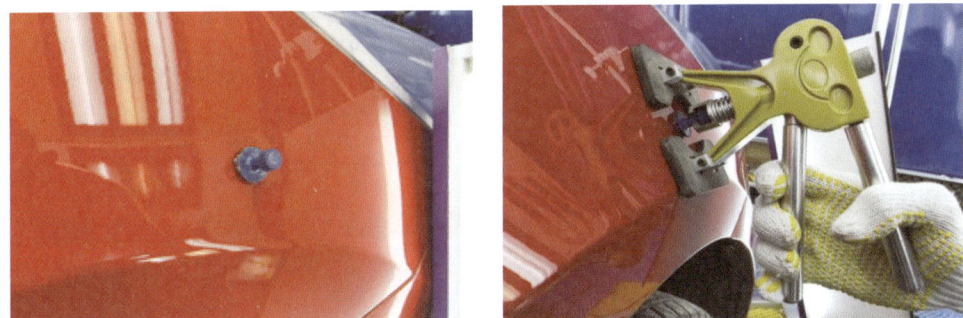

钳式拉拔器的使用方法

图 1-3-21 钳式拉拔修复

7. 清理残胶

修复后，取下拉拔垫片，再用乙醇喷洒在车体残胶上，用除胶铲清理表面附着的残胶，如果凹陷被拉高了，可以借助整平笔和整平锤把凹陷部位找平直至修复完成，如图1-3-22所示。

图1-3-22　清理残胶

车身凹陷修复中，如果凹陷没有修复成功，可以按照标准流程反复操作，直到凹陷修复完成，操作过程中需配合整平灯、整平笔、整平锤操作。注意：部分凹陷通过拉拔修复的方式结束修复后，仍修复不平整，可以使用杠杆工具再次进行修复。

四、不同凹陷修复操作技术要领

汽车凹陷按损伤程度一般分为浅坑、深坑、拉伸坑、长条坑。按损伤大小、形状、位置分为圆坑、腰线坑、长条坑、坑中坑、大面积不规则凹陷。

1. 圆形浅坑修复技术要领

浅坑的判断标准：整平灯靠近漆面，整平灯放置位置距离凹陷20cm处观察凹陷，通过整平灯反光板可以看到凹陷的最深处（凹陷的坑底），视为浅坑，如图1-3-23所示。

其次判断凹陷的结构（单层、夹层或多层），并选择相应的杠杆工具。

如图1-3-24所示，浅坑修复方法是将杠杆工具通过找点的方式，将杠杆工具

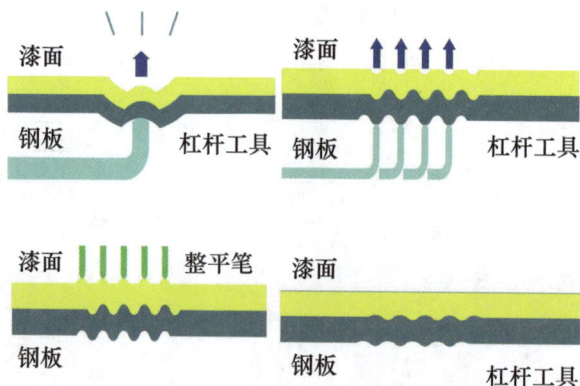

图1-3-23　圆形浅坑　　　图1-3-24　圆形浅坑的修复工艺

移动至未修复凹陷的最深处，通过逐步加力挤压杠杆工具前端顶起凹陷最深处，持续加力直至将凹陷顶平，然后移动杠杆工具至下一个凹陷最深处重复上述过程，出现高点使用整平笔将高点打掉后继续使用杠杆工具一步步细化直到凹陷基本消失，最后利用整平灯一步一步找平。

2. 圆形深坑修复技术要领

深坑的判断标准：整平灯靠近漆面，整平灯放置位置距离凹陷20cm处观察凹陷，通过整平灯反光板看不到凹陷的最深处（凹陷的坑底），视为深坑。

如图1-3-25所示。其次判断出凹陷是什么结构形式，单层还是夹层还是多层，选择相应的杠杆工具

深坑修复首先要利用整平笔配合整平锤将深坑周围高点及棱线向外延伸敲成缓坑，释放深坑的应力，不能直接使用杠杆工具对深坑进行修复。

如图1-3-26所示，利用杠杆工具从最深的地方开始修复，通过逐步加力挤压杠杆工具前端顶起凹陷，顶起深度是原来深度的1/3或者1/4，采用分层的方式进行修复（比如深坑原来目测深度为4cm，每次顶起深度为1cm即可，不可直接将深坑凹陷顶平，否则容易造成漆裂或者麻点），移动杠杆工具至下一个凹陷最深处，一步步细化直到凹陷基本消失。

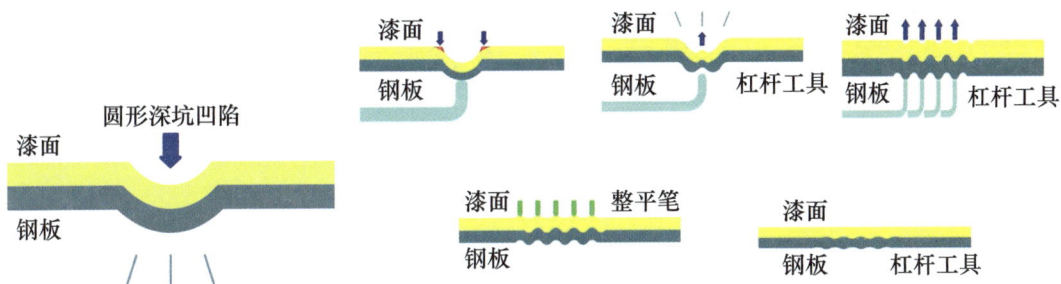

图1-3-25　圆形深坑

图1-3-26　圆形深坑的修复工艺

3. 长条坑修复技术要领

长条坑修复方法和深坑的修复方式一样，需分层逐步修复，唯一不同的是，长条坑需要分段修复。比如10cm长的凹陷我们平分为4段，先修复第1段，由内向外修复，利用杠杆工具从最深的地方开始修复，通过逐步加力挤压杠杆工具前端顶起凹陷最深处，移动杠杆工具至下一个凹陷最深处，一步步细化直到凹陷基本消失。循序渐进，再修复第2段、第3段、第4段，最后利用整平灯、整平笔一步一步找平，如图1-3-27所示。

⚠️ **注意** 长条坑第 1 段必须修平,因为修复第 2 段是以第 1 段修复的效果为基准,以此类推修复第 3 段第 4 段,如果第 1 段比如只修复到 80%,那么第 2 段只能修复到 70%,因为第 2 段是以第 1 段修复效果为基准。以此类推最后一段可能只能修复到 50% 左右。

4. 坑中坑的修复方法

首先判断凹陷结构属单层还是夹层,其次选择相应的杠杆工具,单层选择圆头,夹层选择扁头,边角选择扇形。坑中坑如图 1-3-28 所示,修复方法首先将内坑修复出来再修复外坑,内坑一般为深坑,按照修复深坑的方式修复,修复至与外坑形成一个坑。外坑一般为浅坑,可以按照浅坑的修复方式修复。

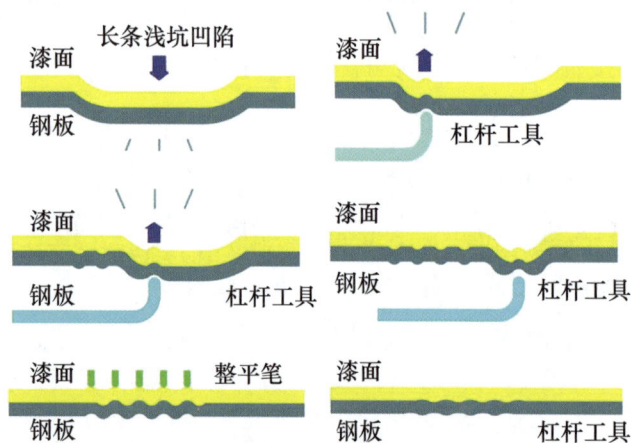

图 1-3-27　长条坑的修复工艺　　　　图 1-3-28　坑中坑

五、拉伸坑修复技术要领

拉伸坑是指车身凹陷处过度拉伸,比如凹陷位置原面积为 $0.01m^2$,由于板材拉伸,可能凹陷位置钢板面积变成 $0.012m^2$,修复后会成为一个小鼓包,因为拉伸后的铁皮无法处理。

拉伸坑的修复方式和深坑的修复方式一样:由内向外修复,利用杠杆工具从最深的地方开始修复,通过逐步加力挤压杠杆工具前端顶起凹陷最深处,移动杠杆工具至下一个凹陷最深处,一步步细化直到凹陷基本消失,最后利用整平灯一步一步找平。

⚠️ **注意** 拉伸坑修复后板件面要么高,要么低,钣金件经过拉伸,多余的板材无法收缩,只能进行退火工艺处理。

按照损伤部分有无夹层，汽车凹陷可以分为单层凹陷、夹层凹陷、双层 / 多层凹陷。

单层凹陷与夹层凹陷修复只是选择工具上有所不同，修复方法一样，判断出是深坑还是浅坑选择对应的修复方法即可。

单层凹陷一般选择圆头工具进行修复，夹层凹陷一般选择小工具或扁头工具进行修复，双层 / 多层凹陷无法使用杠杆工具修复，只能通过拉拔的方式进行修复。

⚠ 注意　选择工具原则：只要杠杆工具可以到达凹陷受损的位置，可以对凹陷进行加力修复即可。

六、车身不同位置的修复工艺

凹陷修复中，由于车身上的凹陷根据车身结构和凹陷形状每一个凹陷都不一样，选择修复的方法也略有不同，需根据凹陷的位置和形状，选择相应的位置下杠杆工具进行修复。

单层部位的修复，只需一个挂链配合大工具就可完成。双层部位的修复，可通过原始孔（去除粘接胶）或打孔进行修复。

凹陷修复基本过程为：确认凹陷位置→ 确定整平灯摆放的位置及角度→ 根据凹陷情况选择适合的工具→ 确定修复采用的支点→ 整平灯变换角度大型修复→ 漆面处理→ 精确点位修复→ 漆面处理→ 变换角度检验修复，直至满意为止。

1. 机舱盖的修复

机舱盖修复相对来说是比较简单的，一般可以通过拆除隔热板，通过内侧预留的工艺孔或吸能区进行修复，或者采用挂钩配合，无法使用工具的地方可以采取打孔的方式进行修复，如图 1-3-29 所示。注意：打孔时，应尽量打在隐蔽的地方，隔热板可以遮挡的地方。

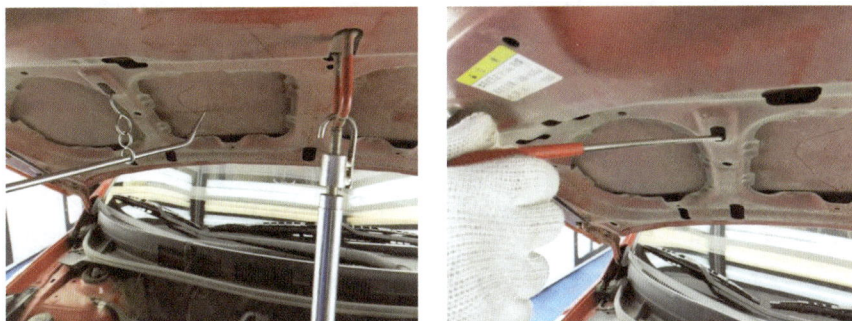

图 1-3-29　机舱盖的修复

2. 前翼子板

前翼子板修复，一般通过拆除前照灯进行，也可以打开机盖从机盖边缝进入工具，或者可以拆除轮胎衬板来进行修复，如图1-3-30所示。

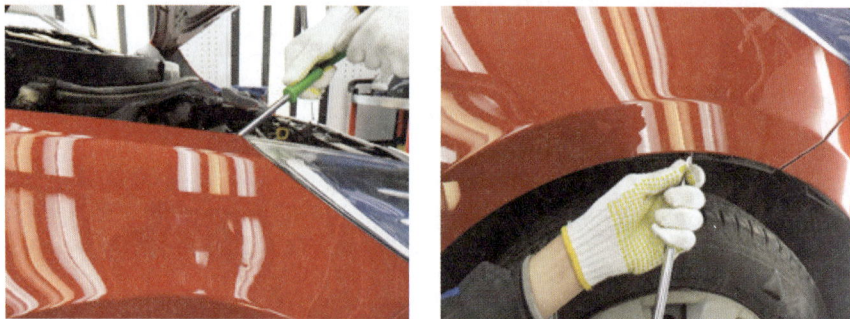

图1-3-30　前翼子板的修复

3. 前车门

前车门修复时一般情况不必拆卸，只需将车玻璃降下就可完成操作。只有凹陷在加强筋处或在车门下部边缘，可能需要拆卸车门内饰进行修复。同样，也可通过车门下部的排水孔进行修复，一般情况不必将车门拆卸即可修复，如图1-3-31所示。

4. 后车门

后车门修复比较方便，除了通过修复前门时的工艺方法之外，还可以通过后门前端的穿线孔进行修复。一般情况不必将车门整个卸下即可修复，如图1-3-32所示。

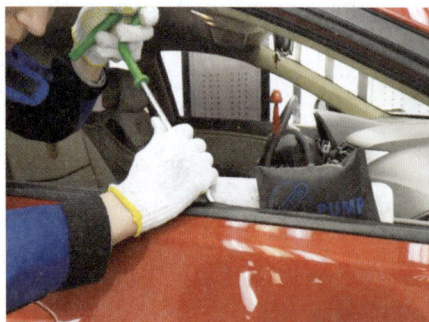

图1-3-31　前车门的修复

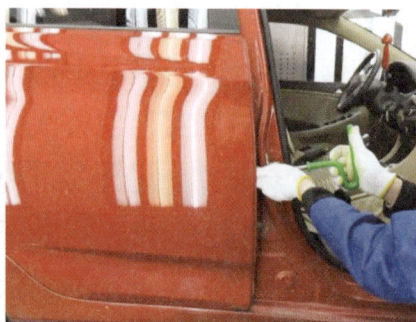

图1-3-32　后车门的修复

5. 后翼子板

后翼子板一般情况下只能通过拆除尾灯和后翼子板内侧衬板来进行修复。

如图 1-3-33 所示，如果凹陷位置在轮眉的位置上下的话，只能靠拉拔进行修复，或者拆除后轮胎，在后翼子板的夹层位置打孔来进行修复。

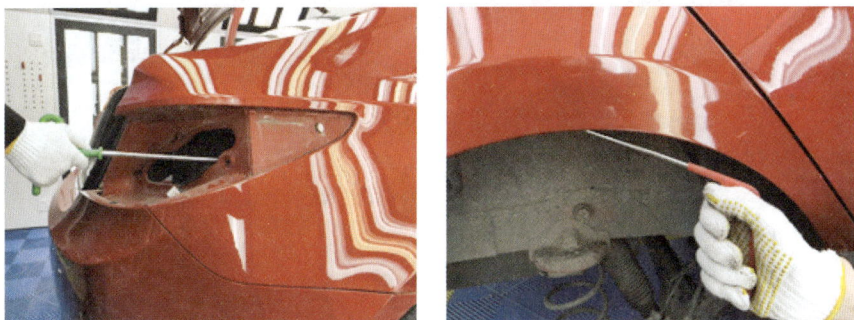

图 1-3-33　后翼子板的修复

6. 行李舱

行李舱的修复方式和前机盖的修复方式基本相同，只是此部位的边角和筋骨比较多，修复时要注意选择工具，力度要适当，如图 1-3-34 所示。

图 1-3-34　行李舱的修复

7. 塑料保险杠

保险杠仅针对软塑料材质进行修复（钢化塑料、石棉材质的无法修复），其修复方法是：先用烤枪沿着凹陷周围加热，全部烤软之后用手垫着毛巾从内往外推，或者从外部用吸盘进行拉拔。需要注意的是，加热至塑料部分适度软化即可，避免损伤车漆。其过程需要反复操作直至满意为止。可修复的软塑料保险杠损伤，如图 1-3-35 所示。

8. 车顶

车顶修复时要根据凹陷情况，可全部卸下车顶内饰也可只卸下局部的内饰扣，原则是在工具可到达并可无障碍的情况下就可尽量减少拆卸，如图 1-3-36 所示。

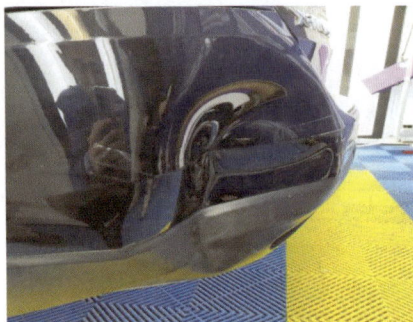

图 1-3-35　软塑料保险杠的损伤

图 1-3-36　车顶的修复

复习题与实训考评

一、填空题

1. 社会主义职业道德的核心是＿＿＿＿＿＿。

2. 点位的基础练习分为＿＿＿＿＿、＿＿＿＿＿、＿＿＿＿＿三个步骤。

3. 常见的汽车车身材质材料有＿＿＿＿＿、＿＿＿＿＿、＿＿＿＿＿。

4. 圆头工具一般用来修复＿＿＿＿＿结构的凹陷。

5. 汽车凹陷是指汽车车身受＿＿＿＿＿影响，在车身上形成大小不同的凹陷。

6. 拉拔器根据拉拔方式和结构分为＿＿＿＿＿、＿＿＿＿＿、＿＿＿＿＿。

7. 修复气囊的主要作用是用于车门和双层部位的＿＿＿＿＿。

8. 强化塑料车身凹陷修复是利用＿＿＿＿＿的原理进行修复。

9. 凹陷修复中杠杆的施力方法有＿＿＿＿＿加力、＿＿＿＿＿加力、＿＿＿＿＿加力。

10. 为了更好地掌握车身凹陷修复技术，必须对汽车车身板件的结构、＿＿＿＿＿、＿＿＿＿＿有一定的了解。

11. 汽车原厂漆面分很多层，包括磷化膜层、电泳层、＿＿＿＿＿、＿＿＿＿＿和＿＿＿＿＿。

12. 汽车凹陷按损伤程度一般分为浅坑、深坑、死坑、＿＿＿＿＿、＿＿＿＿＿。按损伤大小、形状、位置分为＿＿＿＿＿、＿＿＿＿＿、长条坑、坑中坑、大面积不规则凹陷。

13. 如果车漆表面做过漆面养护，其漆面＿＿＿＿＿，可以使用抹布配合柏油清洗剂擦拭车身表面。

14. 传统钣金修复工艺是用＿＿＿＿＿来修补平整，其会破坏原车的防锈涂层，后期会出现_____，车身金属面会出现_____等现象。

15. 凹陷修复工具选择上要遵守以下两个原则：_____、_____。

二、判断题

1. 汽车维修企业质量信誉等级分为优良、合格、基本合格和不合格。（　　）

2. 杠杆工具中的扁头工具一般用来修复单层结构的凹陷。（　　）

3. 后喷漆对车身凹陷修复没有什么影响。（　　）

4. 棱镜灯工位是用来检测车身表面缺陷的。（　　）

5. 单层结构凹陷，杠杆工具加力方式一般为转动工具手柄加力。（　　）

6. 整平灯反光板的作用是修复凹陷。（　　）

7. 修补喷漆是人工操作，漆面均匀性和厚度均与原厂喷涂相同。（　　）

8. 辅助工具护板的作用是用来保护汽车车窗玻璃，防止工具划伤玻璃表面。（　　）

9. 汽车车窗玻璃是双层结构的也可以通过玻璃车窗下杠杆工具。（　　）

10. 汽车凹陷修复，修复后车漆不变色、不掉漆。（　　）

11. 棱镜的作用是降低灯具的眩光，同时可以在车身表面产生明显的光栅，使色差、划痕、细孔、桔皮纹、凹陷等缺陷能轻易被发现。（　　）

12. 汽车凹陷修复中，后喷漆也可以用拉拔器进行修复。（　　）

13. 车身凹陷修复工艺通常包括吸、拉、顶、敲四种工艺。（　　）

14. 后喷漆与原厂漆面相比表面附着力较好、漆面不存在氧化现象、车身钢板能很好防止腐蚀与生锈。（　　）

15. 判断原车漆的方法：分辨色差、观察边角、利用凹陷修复工位。（　　）

16. 深坑修复首先要利用整平笔配合整平锤将深坑周围高点及棱线向外延伸敲成缓坑，释放深坑的应力。（　　）

17. 整平灯中灯管的作用是用来检测损伤点位的高低。（　　）

18. 劳动法律是劳动法最主要的表现形式。（　　）

三、解析题

1. 简述凹陷修复与杠杆工具的使用原则。

2. 正确阐述汽车凹陷修复的使用范围。

_____

_____

3. 叙述汽车凹陷修复的特点。

_____

_____

4. 作为新一代汽车维修从业人员，简述如何体现工匠精神。

_____

_____

四、实训考评

车身免喷漆凹陷修复项目的工件为北京现代汽车车门，利用凹陷破损器制造 5 处凹陷，凹陷范围为长度 20mm（±2mm），深度为 2mm（±0.5mm）的圆形凹陷。

在 50min 内通过运用修复气囊、护板、整平灯等设备与工具，将车门凹陷位置进行修理，达到要求（必须运用至少两种维修方法，如胶粘拉拔、工具内顶）。

单位：　　　　　　　姓名：　　　　　　　准考证号：

序号	考核项目	分值	评价标准	扣分	得分
1	安全防护用品	5分	考核过程中未佩戴口罩（2分）		
			考核过程中未佩戴防护手套（2分）		
			考核过程中未佩戴防护目镜（1分）		
2	清洁	5分	凹陷位置漆面进行擦拭、清洁（3分）		
			玻璃护板使用前，没有清洁表面（2分）		
3	工具使用情况	5分	工具随意摆放，掉落地面（3分）（一次1分，扣完为止）		
			使用过的工具没有及时切断电源（2分）		
4	操作流程	15分	垫片、拉拔残胶随意摆放，丢弃（5分）		
			修复流程是否按照规定操作先拉拔之后杠杆精修（10分）		
5	修复效果	65分	凹陷位置修复后漆面出现开裂（10分）		
			修复后正面可以看出凹陷（15分）		
			修复后正面看不出来，侧面可以看出缓凹陷或者水波纹（15分）		
			漆面抛光研磨，抛漏底漆（10分）		
			车窗玻璃表面是否有划伤（5分）		
			凹陷周围漆面是否有划伤（10分）		
6	5S	5分	使用过的拉拔垫片没有清洁干净（2分）		
			操作完成后设备、工具未归位整理（3分）		
	总分				

汽车玻璃损伤修复

项目描述

车辆在日常生活行驶过程中，有时会遇到一些路面飞溅的石子崩到汽车前风窗玻璃上，有时会遇到一些高空坠落物掉落在前风窗玻璃上，造成玻璃破损，甚至开裂。针对这些损伤，可以采用玻璃破损修复技术进行修复。

玻璃的破损与裂纹修复是在不拆卸汽车前风窗玻璃的情况下完成的。它通过对汽车前风窗玻璃破损处进行抽真空，然后注入与风窗玻璃折射率及透光率相近的光敏树脂（又称 UV 树脂），使其固化后与原玻璃完美结合。破损玻璃通过修复后，表面不会泛黄，黏结处不会脱落。

学习目标

知识目标

1. 了解汽车玻璃破损修复的概念、类型及原理。

2. 掌握设备、工具的作用和使用方法。

3. 掌握玻璃破损修复的流程。

4. 掌握玻璃破损修复注意事项。

技能目标

1. 掌握玻璃注胶器操作方法和如何保养。

2. 熟练掌握如何利用注胶器抽真空。

3. 熟练掌握如何完成注胶过程。

4. 了解打止裂孔的方法和注意事项。

素养目标

1. 树立职业道德，做到诚实守信。

2. 培养崇尚劳动、热爱劳动的劳动精神。

3. 培养坚持不懈、精雕细琢的工匠精神。

任务一　了解汽车玻璃破损修复基础知识

一、汽车玻璃

汽车玻璃是在加热炉内将玻璃加热到接近软化的温度，然后将玻璃迅速送入不同冷却强度的风栅中，对玻璃进行不均匀温度的冷却，使玻璃主视区与周边区产生不同的应力。

一般的汽车玻璃采用硅玻璃，其中主要成分为二氧化硅，采用浮法工艺制成，然后再将玻璃进一步加工成钢化玻璃或者夹层玻璃，以提高车辆行驶过程中玻璃的安全性。

二、汽车玻璃作用和分类

汽车玻璃的主要功用是起到安全、防护作用。当发生车身碰撞时，在安全气囊、安全带的保护外，玻璃的黏结系统能够很好地使玻璃和整个车身融为一体，有效抗击碰撞时的冲击，巩固车身的安全性，保证驾乘人员的生命安全。

如图 2-1-1 所示，汽车玻璃按照位置分为：前后风窗玻璃、前后门车窗玻璃、角窗玻璃、天窗玻璃。

汽车玻璃按照其工艺属性分为：夹层玻璃、钢化玻璃。

夹层玻璃：用一种透明可黏合性的聚乙烯醇缩丁醛膜（简称 PVB 膜）贴在两层玻璃之间，将塑料的高韧性和玻璃的高硬度结合在一起，增加玻璃的抗破碎能力。汽车风窗玻璃属于夹胶玻璃，即内层玻璃、夹胶层、外层玻璃，如图 2-1-2 所示。一般情况下，风窗玻璃被飞溅的石子击伤，只会造成外层玻璃破损，内层玻璃还是完好的。即使玻璃被打碎，碎片也会与 PVB 膜粘贴在一起，不会因碎玻璃掉落造成人体伤害或财产损失。

夹层玻璃的厚度：一般轿车玻璃的外层玻璃（不包含胶层）厚度大约是 2mm，客车外层玻璃厚度可以达到 2.5mm。

钢化玻璃：钢化玻璃指的是玻璃在经过高温处理后，又快速冷却形成的高强度玻璃。其抗压强度高，热稳定性能好、安全性能强。钢化玻璃破碎时碎片成蜂窝状钝角小颗粒，对人体一般不会造成伤害。汽车车门、角窗及后风窗玻璃一般都是钢化玻璃，而天窗玻璃有的是夹层玻璃，有的是钢化玻璃。

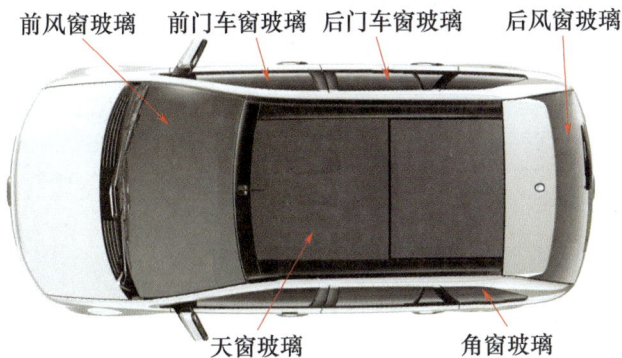

图 2-1-1 汽车玻璃分类

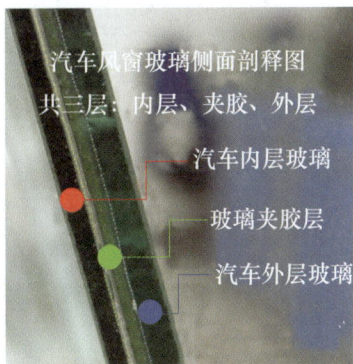

图 2-1-2 汽车风窗玻璃侧面剖释图

三、玻璃修复在汽车上的应用范围

夹层玻璃采用了两层玻璃，并在中间附有一层 PVB 膜，以确保在被物体撞击损坏后，避免发生不安全的开裂、脱落和塌陷，如图 2-1-3 所示。

钢化玻璃在受损后会迅速扩散成无数钝角小颗粒，甚至脱落，如图 2-1-4 所示。这种玻璃是无法修复的，所以玻璃破损修复主要还是应用于汽车前风窗玻璃。

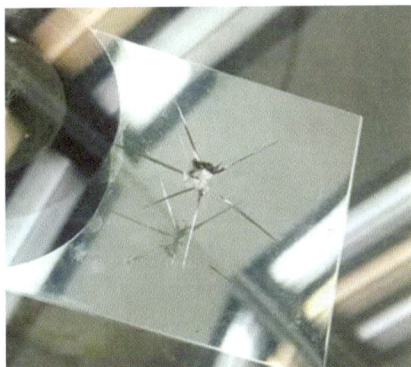

图 2-1-3 夹层玻璃破损后效果图

图 2-1-4 钢化玻璃破损后效果

四、汽车玻璃修复原理

汽车玻璃是透明状的，由于碰撞或破损导致玻璃裂痕之间进入了空气，而空气与玻璃之间又产生了光线的折射，所以人眼看到了透明玻璃的裂痕。

如图 2-1-5 所示，汽车玻璃修复首先要使用玻璃真空泵吸出裂痕中的空气，将玻璃破损处抽真空形成压强差，利用压强差注入与汽车风窗玻璃折射率及透光率相近的修复液，待其固化，使修复液完全取代玻璃间隙中的空气，完成修复。

五、玻璃破损类型

如图2-1-6所示，车身玻璃在发生碰撞后，出现星状裂痕、牛眼裂痕、裂纹裂痕、复合型裂痕等破损基本都是可修复的，其修复后质量与损伤大小有关，一般破损面积比一元硬币小的基本均能修复，裂痕的修复主要通过长度、方向和位置来判断。按裂痕的修复可行性而言，裂痕超过20cm，后期开裂的概率比较大。

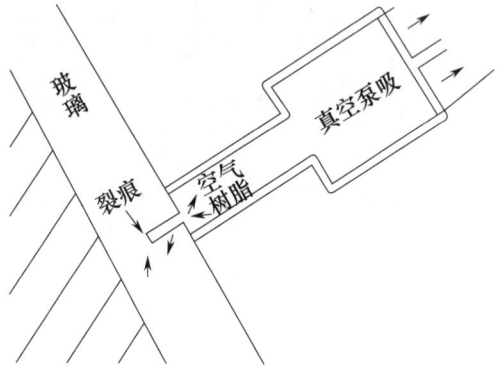

图2-1-5 汽车玻璃修复原理图

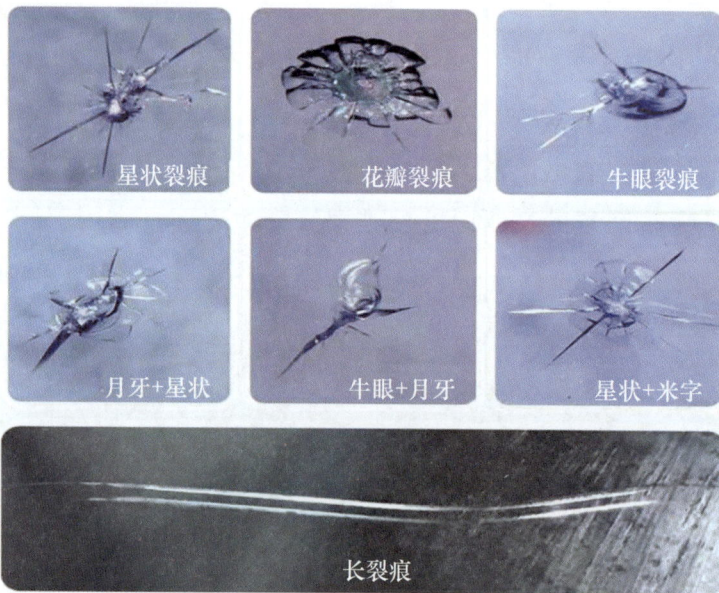

图2-1-6 常见裂痕

六、汽车玻璃修复技术特点

1）基本还原玻璃的强度与抗压能力；

2）改善玻璃外观，恢复驾驶员或乘客视线；

3）维修方便快捷，费用便宜；

4）无须拆除原车玻璃，不损坏原车玻璃结构；

5）减少对环境的污染。更换的旧玻璃回收成本高，也不能自然降解，易造成环境污染；

6）减少因更换玻璃时的施工不当，造成对车身或密封条的损伤。

七、玻璃破损修复前注意事项

1）如图 2-1-7 所示，遇到玻璃损伤，应在第一时间使用透明塑料贴附在破损处，再使用透明胶带固定玻璃外侧裂缝位置（如果直接使用透明胶带贴附，会产生残胶遗漏污染破损处），这样做可以避免或延缓玻璃裂痕继续延伸，同时此操作可有效避免玻璃裂痕处被灰尘、水渗入。

2）遇到裂痕过多、过长的玻璃损伤，修复后无法达到质量要求标准，且修复成本高于更换成本，则建议更换，如图 2-1-8 所示。

图 2-1-7　破损点保护

裂痕过多过长

图 2-1-8　不宜修复的玻璃破损

任务二　设备工具的认知

一、注胶器

注胶器采用不锈钢材质，不易变形，气密性好，产品体积小，力度大，便于操作，其主体采用巧妙的机械设计，可以实现"抽真空""注胶"过程的自动定位和锁紧，如图 2-2-1 所示。

图 2-2-1　注胶器

　　注胶器的使用方法：注胶器后盖上有蓝色和红色两个圆点，拉杆顶部有三角形符号，如图 2-2-2a 所示。旋转拉杆使三角形符号至蓝色圆点对齐轻轻拉出拉杆至顶端，即可进入抽真空状态，拉杆自动锁紧，如图 2-2-2b 所示。旋转拉杆使三角形符号至红色圆点对齐轻轻按下拉杆至底端，即可进入注胶状态，注胶过程中，拉杆自动锁紧，如图 2-2-2c 所示。

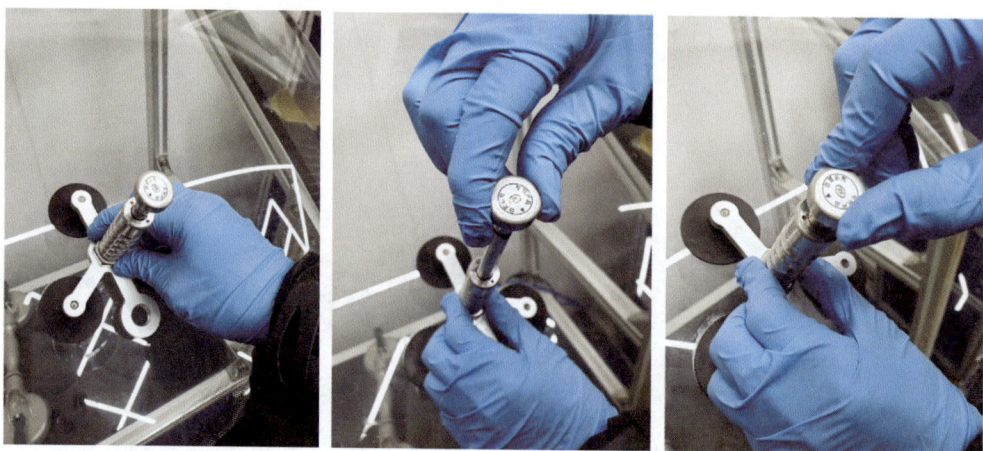

a）注胶器原始状态　　　　　b）抽真空状态　　　　　c）注胶状态

图 2-2-2　注胶器的使用

二、注胶器密封圈

　　注胶器密封圈采用优质硅胶材质，大号密封圈外径 25.5mm，内径 19mm；中号密封圈外径 8mm，内径 3mm；小号密封圈外径 5.7mm，可伸缩，厚度大约 2mm，如图 2-2-3 所示。

图 2-2-3　注胶器密封圈

　　密封圈的更换方法：一只手夹注胶器后盖，一只手旋转注胶器，将拉杆缓缓拉出,如图 2-2-4a 所示。用探针将旧的密封圈去除,如图 2-2-4b 所示,用无尘布清理拉杆,更换新的密封圈,用棉签沾少量凡士林均匀涂抹在密封圈上,将拉杆装回注胶器体内锁紧注胶器后盖。

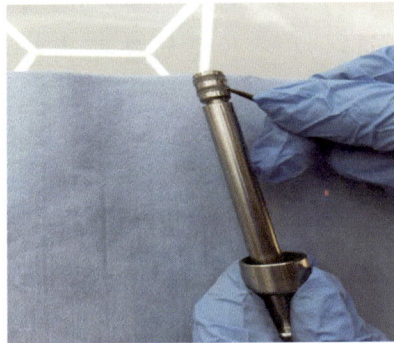

a)拆装注胶器   b)拆除密封圈

图 2-2-4 注胶器密封圈的更换

三、玻璃扩张器

扩张器是修复汽车风窗玻璃裂痕时用于扩张裂缝以加快修复液渗透速度的工具,如图 2-2-5 所示。

将扩张器的吸盘涂抹少量的凡士林,扩张器的顶丝对准裂痕的中心,固定住吸盘,轻轻转动扩张器顶丝,直到顶丝与裂痕中心位置接触即可。

四、紫外线灯

紫外线固化灯(见图 2-2-6),可以放射出特定波长的紫外线(一般波长为 365~385nm),修复液吸收后,由液体转化成固体,达到固化的效果。

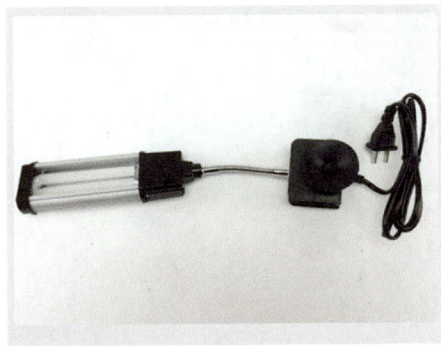

图 2-2-5 玻璃扩张器   图 2-2-6 紫外线固化灯

固化条件：

1）紫外线灯只对吸收 365~385nm 波长的修复液起作用；

2）操作时需要隔绝空气（贴上固化贴片）；

3）紫外线灯应距离玻璃约 1cm，固化时间一般为 20min 以上。

注意事项：灯管不要与玻璃直接接触，以免粘上修复液，与玻璃固化在一起。

储藏方式：使用后，请妥善保存好，避免受压。因为灯管在使用过程中是有一定损耗的，建议灯管使用 200h 后更换新灯管。

五、玻璃修复树脂修复液

玻璃修复树脂修复液是一种透光率接近于玻璃的 UV 树脂，使用波长为 365~385nm 的紫外线光进行固化，树脂修复液固化后会变成无色透明的固体，如图 2-2-7 所示。

树脂修复液的分类：

1）黏度低、渗透力强，适合修复点状裂痕（星形、牛眼形、综合型以及短裂痕）；

2）黏度高、渗透力差，适合修复长裂痕、玻璃缺损填平。

六、树脂抛光膏

汽车风窗玻璃裂缝在修复后撞击点会留下细微的小白点，这是因为固化后进行刮除操作中，刮伤了撞击点位置的树脂修复液，这时就需要使用树脂抛光膏（见图 2-2-8）修复处理。树脂抛光膏的正确使用方法，如图 2-2-9 所示。

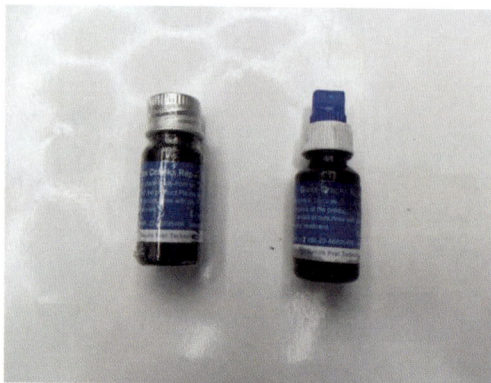

图 2-2-7　玻璃修复树脂修复液

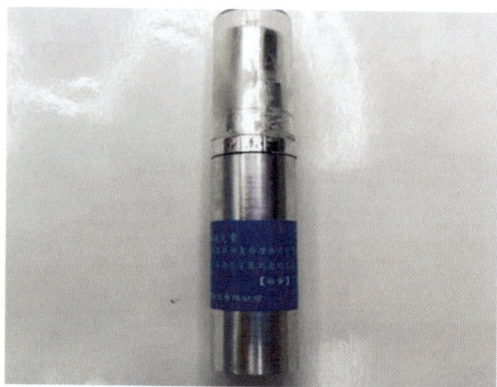

图 2-2-8　树脂抛光膏

a）汽车玻璃裂痕修复前

b）汽车玻璃裂痕修复后
（树脂刮除后）留下小白点

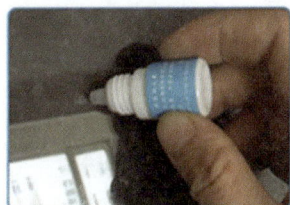

c）在小白点上挤出
米粒大小的树脂抛光膏

d）将夹头和棉签安装到电钻上，
起动电钻进行抛光，小白点消失

e）抛光结束，用纸巾
或者软布清理玻璃表面

f）抛光效果

图 2-2-9　树脂抛光膏的使用方法

七、玻璃止裂孔操作要领和注意事项

1. 钻头规格

钻头材质为钨钢，直径：1.0mm，尾部直径 1.6mm。钻头在正常使用的情况下，可以打 10 个以上的眼，使用时应避免钻头过热。

2. 钻头注意事项

电钻功率比较小，但操作时间比较长，所以在操作过程中不需要太用力去按压电钻或者抖动，钻透第一层玻璃即可。通过观察，如果钻头没有明显地往里钻入时，请关掉电钻电源，等 20s，待玻璃操作表面冷却后再继续操作，这样能有效提高工作效率。

风窗玻璃是一块夹胶玻璃（外层玻璃—夹胶层—内层玻璃），电钻在钻透第一层玻璃后，钻头会扎进夹胶层，在旋转时头部的凹槽就会被夹胶层中的胶质堵住，影响钻头后续使用。所以每次打眼结束，必须要用探针沿着钻头端部的凹槽将杂质一一剔除（一般钻头有 6 个槽）。钻头头部非常锋利，清理时应注意安全。

3. 电钻打止裂孔的方法：

1）取钻头和小电钻，如图 2-2-10 所示；

2）按住电钻头部的凸点，拧松电钻钻头盖，把钻头正确放置，拧紧钻头盖，如图 2-2-11 所示；

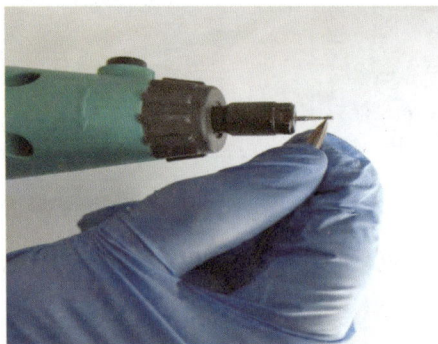

图 2-2-10　取钻头和小电钻

图 2-2-11　安装钻头

3）钻头安装完毕，如图 2-2-12 所示；连接电源，打开电钻上的开关，如图 2-2-13 所示；

图 2-2-12　安装完毕

图 2-2-13　打开开关

4）用小电钻在裂痕结束的地方打止裂孔。打孔时钻头要与玻璃垂直，钻透第一层玻璃即可。

如何判断已钻透第一层玻璃呢？在钻孔过程中，钻头突然间失去了阻力时，仔细听，会听到与之前不同的声音，这说明钻头已经钻透第一层玻璃，如图 2-2-14 所示。

打止裂孔

a）确定钻孔位置

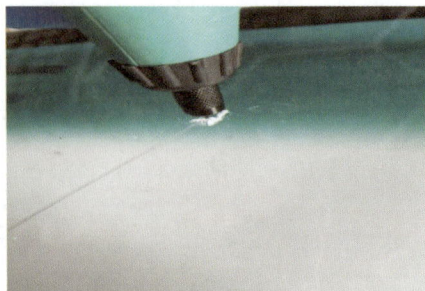

b）手电钻垂直打孔

图 2-2-14　打止裂孔

4. 止裂孔注意事项

现在很多汽车风窗玻璃都有自我修复功能，产生裂痕后，裂痕末端会自动闭合，需要借助外力找出真正的末端打孔，例如：打眼前一人请在车内轻轻用手指顶一顶裂痕的末端，找出裂痕真正的末端后，另一人在车外用记号笔在裂痕末端前方 1mm 处做记号，这样方便打孔。切记不要在裂痕末端打眼，因为在打孔过程中，玻璃振动，裂痕会在钻头打透玻璃前越过止裂孔，继续开裂。

任务三 汽车玻璃破损修复实训操作

实训准备

1. 实训人员必须穿戴相应的防护用品（工作服、口罩、防护手套、护目镜）。

2. 实训作业之前对汽车外观做好必要的防护（机舱盖、翼子板、车门）以免操作过程中划伤车漆。

3. 实训过程中时刻检查，电源插座、实训设备电源是否松动，防止发生触电。

4. 玻璃修复过程需在室内或夜晚等无紫外线的环境下进行操作，修复液受到紫外线照射会快速固化，不能渗透进裂痕深处进行修复。

5. 汽车遇雨雪天气，洗车后两天内不宜操作（务必先把裂缝内的水分晾干）。

实训时间

45min

一、星状、牛眼、长裂痕、复合型破损修复

1. 操作准备

实训人员必须穿戴好防护用品（口罩、护目镜、防护手套），整理准备实训工具设备与用品。如图 2-3-1 所示。

⚠ 注意　进行玻璃修复的最佳温度是 20℃ 左右，环境温度过低会导致修复液无法渗透等问题，可以使用热风枪或吹风机对修复位置进行局部加热，但是需要注意，不可在一个点上持续加温，温度不宜过高。

2. 清洁

第一步，用无尘布把周围清洁干净，注意不要抹到创口上；第二步，用探针对准裂痕创口清除，刮掉杂质等；第三步，用棉签清洁干净，如图 2-3-2 所示。

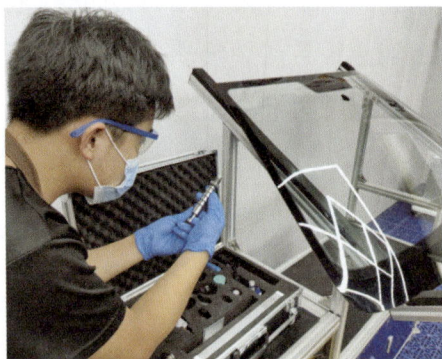

图 2-3-1　操作准备

图 2-3-2　清洁

⚠ **注意**　注意力度，不可对玻璃造成两次伤害。

3. 准备注胶器

将注胶器打开用无尘布和棉棒将注胶器拉杆和注胶器内壁清理干净，并在中间的胶圈部分涂上凡士林起到润滑作用，将拉杆装回注胶器内，锁紧注胶器后盖，如图 2-3-3 所示。

4. 安装三脚架

将三脚架的吸盘上面涂抹少量的凡士林，起到润滑的作用，方便用来调节三脚架的位置。三脚架的中心对准玻璃裂痕的中心点，将吸盘固定住，如图 2-3-4 所示。

图 2-3-3　准备注胶器

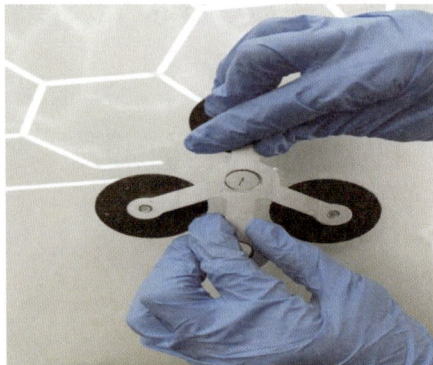

图 2-3-4　安装三脚架

⚠️ **注意**　三脚架吸盘最好不要喷水，水量过多，水流会流入玻璃破损处，严重影响修复效果。

5. 添加修复液

将注胶器拉杆拉出大约 10mm 左右，注入 5~6 滴修复液（根据实际情况而定，裂痕较大，则适当多注入一些），如图 2-3-5a 所示。放置密封圈，轻轻推到注胶器拉杆，使修复液与密封圈上端平齐。

⚠️ **注意**　推动注胶器拉杆的时候，注胶器要与眼睛成 45° 角，防止密封圈和修复液溢出喷入眼睛内，如图 2-3-5b 所示。

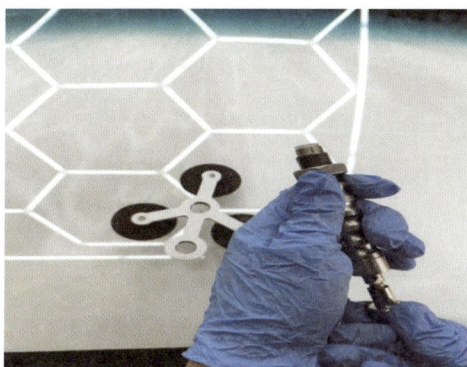

添加修复液

安装注胶器

a）45° 角添加修复液　　　　　b）排空注胶器中空气

图 2-3-5　添加修复液

6. 安装注胶器

将注胶器固定在三脚架上，注胶器中心孔对准玻璃裂痕中心孔，将注胶器旋紧，力度控制在能将白色密封圈压到轻微变形即可。用注胶器的锁紧螺母将注胶器锁紧固定，如图 2-3-6 所示。

图 2-3-6　安装注胶器

⚠️ **注意**　注胶器对修复面的压力不能过大，压力过大可能会使玻璃二次破裂，压力过小会使修复液外溢，而且无法抽真空。

7. 抽真空

一只手手持注胶器，另一只手旋转拉杆使三角形符号与蓝色圆点对齐，轻轻拉出拉杆至顶端，即可进入抽真空状态，拉杆自动锁死。然后从背面观察抽真空状态是否有气泡产生。抽真空一般时间为 10min 左右，如图 2-3-7 所示。

⚠️ **注意** 抽真空如果有气泡产生说明操作正确，否则需重复前面的步骤，直到有气泡产生。

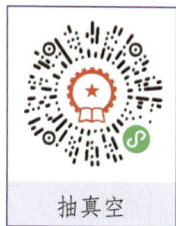

8. 注入修复液

抽真空状态持续 10~20min 后观察注胶器是否还有气泡产生，如果没有气泡产生，视为抽真空已完成。注入修复液需要一只手把持注胶器，另一只手抓紧注胶器拉杆缓慢放松，同时观察注胶器密封圈状态，由于密封圈受到修复液的压力后，密封圈会稍微膨胀，说明已经开始注入修复液了，看到密封圈稍微膨胀后停止放松拉杆，从背面观察修复液是否到达所有破损部位，在确认修复液全部到达破损部位后，如图 2-3-8 所示，如果 3~5min 后没有发现修复液在破损部位移动，则需要继续给注胶器压力，同时注意密封圈不要过于膨胀，反复操作直到修复液全部填充到破损部位，注入修复液结束。

图 2-3-7 抽真空　　　　　图 2-3-8 注入修复液

⚠️ **注意** 注入修复液过程中，拉杆需要缓慢放松，不可直接将注胶器拉杆直接推至底端，因为注胶器抽真空状态完成后，注胶器内壁会存在一定的负压，如果内负压过大，会造成璃再次开裂。

9. 固化修复液

注入修复液结束后取下注胶器和三脚架，同时用 1~2 滴修复液滴在玻璃破损部位，排除空气，贴上固化片，如图 2-3-9a 所示。打开紫外线灯，放置在注入点上方位置进行固化，如图 2-3-9b 所示，5~7min 后移除紫外线灯，揭开贴片，更换防割防护手套，使刀片成 45° 角轻轻刮除固化后的修复液。

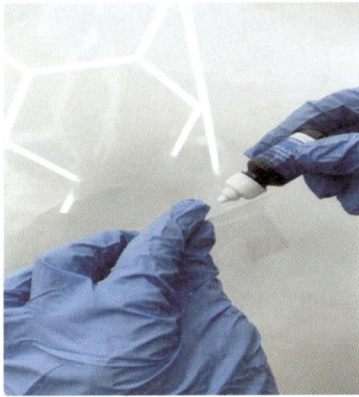

a）添加修复液　　　　　　　b）紫外线灯固化

图 2-3-9　固化修复液

⚠ **注意**　刀片需要倾斜45°角进行操作，注意用力方向，防止刀片打滑割伤手。

10. 抛光

固化后进行刮除操作中，刮伤了撞击点位置的修复液，需使用无尘布配合抛光膏进行抛光研磨处理，如图 2-3-10 所示，操作完成。

11. 整理工具

实训操作结束后，需用无尘布将注胶器内壁及旋转拉杆擦拭干净，旋转拉杆密封垫涂抹凡士林。三角吸盘、紫外线固化灯等实训设备表面用无尘布擦拭干净，如图 2-3-11 所示。

图 2-3-10　抛光

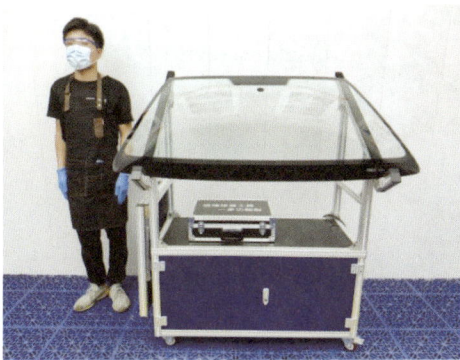
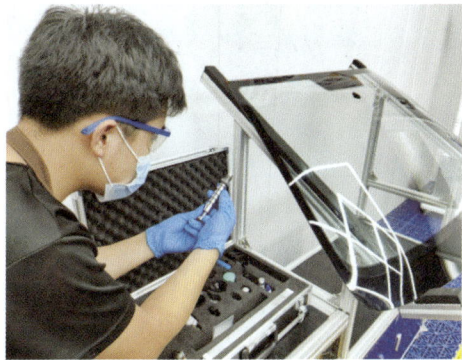

a）清洁工具　　　　　　　b）整理拱工位

图 2-3-11　整理工具

⚠️ **注意** 实训结束后需对实训场地及周围卫生清理干净，关闭电源开关，电源插排归位。培养良好的工作习惯。

二、长条裂痕破损修复

1. 操作准备

实训人员必须穿戴好防护用品（口罩、护目镜、防护手套）对实训车辆进行必要的防护，整理准备实训工具设备和用品。

2. 打止裂孔

首先在玻璃背面用手指轻轻按压裂痕两端，找到真正的裂痕末端，打止裂孔。轻顶裂痕让它裂到止裂孔中，用扩张器在止裂孔的背面进行扩张，每15cm增加一个扩张器，如图2-3-12所示。

图2-3-12 扩张裂痕

3. 用修复点状裂痕的方式修复

清洁→准备注胶器→安装三脚架→增加修复液→安装注胶器→抽真空→注入修复液→止裂孔修复后，修复液流入裂缝后取下注胶器和三脚架，手持注胶器从裂缝处修复液的位置开始修复，如图2-3-13a所示。利用注胶器缓慢移动，直到裂痕全部注入修复液，如图2-3-13b所示。移动注胶器修复过程中，修复液流动速度过慢，或者不流动，可适当增加修复液及推动注胶器拉杆增加压力。

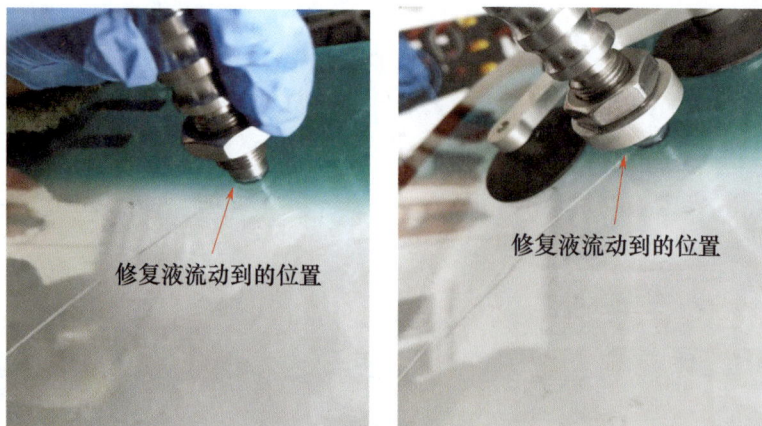

修复液流动到的位置

a）修复液渗入至裂缝中

修复液流动到的位置

b）移动注胶器修复裂缝

图2-3-13 用修复点状裂痕的方式修复

⚠️ **注意** 如何判断裂痕是否已经注入修复液，如图 2-3-14 所示。

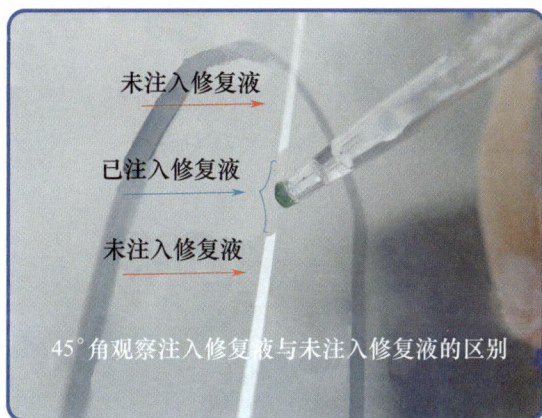

未注入修复液

已注入修复液

未注入修复液

45°角观察注入修复液与未注入修复液的区别

图 2-3-14 如何判断是否注入修复液

4. 固化修复液

注胶结束后用 1~2 滴修复液滴在玻璃破损部位用于排除空气，贴上固化片，打开紫外线灯，5~7min 后移除紫外线灯，如图 2-3-15a 所示。揭开贴片，用刀片呈 45°角轻轻刮除表面固化的树脂修复液，如图 2-3-15b 所示。

⚠️ **注意** 固化长条裂痕时，请不要将灯架吸盘安装在裂痕的两侧，尽量安装在同一侧，避免在按压灯架吸盘时使裂痕张开，影响修复效果。刀片需要倾斜 45°角进行操作，注意用力方向，防止刀片打滑割伤手。

a）紫外线固化

b）45°角清理残余修复液

图 2-3-15 固化修复液

5. 抛光

固化后进行刮除操作中，刮伤了撞击点位置的树脂修复液，如图 2-3-10 所示，需抛光研磨处理，操作完成，如图 2-3-16 所示。

6. 整理工具

实训操作结束后，需用无尘布将注胶器内壁及旋转拉杆擦拭干净，旋转拉杆密封垫涂抹凡士林。三角吸盘、固化灯等实训设备表面用无尘布擦拭干净，如图 2-3-11 所示。

图 2-3-16　抛光修复完成

⚠ **注意**　实训结束后需对实训场地及周围卫生清理干净，关闭电源开关，电源插排归位。培养良好的工作习惯。

三、玻璃破损修复注意事项常见问题点

1. 为什么裂痕不进修复液？

裂痕时间太长，裂痕太脏阻止修复液渗透。

解决方案：如果是旧裂痕，先用 95% 浓度乙醇冲洗裂痕，然后用空气罐从止裂孔方向往边沿吹。

2. 修复长裂痕为什么不能用注射器？

用注射器来修复，只是靠修复液本身的渗透力，没有加压，遇到阻力，修复液靠本身的渗透力进不去，而注胶器是通过加压的方式注进修复液。而且有时候用注射器注进修复液，本身看着裂痕已经全部注满，但是固化后裂痕会出现反光的现象，那是因为修复液只是爬满了裂痕壁，裂痕中间是空的。而注胶器是通过加压方式注进修复液的，帮助修复液渗透，可避免出现裂痕中空的现象。

3. 为何钻透第一层玻璃时玻璃会炸开？

钻孔时间太长，没有有效的降温，应该钻 10s 休息 8s。

4. 为何当揭下固化膜时修复剂会同时脱落？

通常是因为玻璃之前打过蜡或者镀过膜，或因使用了劣质的修复液。

5. 为什么修补之后依然感觉到坑的存在？

没有在贴固化片前点 1~2 滴修复液，或者用手指按压了固化片，许多技师在固化前为了让固化片平整而用手按。

6. 加热玻璃会加快修补速度吗？

加热玻璃会使修复液在裂痕中流动较快，但不要温度过高，否则玻璃会膨胀

弥合裂痕，但是等它凉下来时裂处还会出现。

7. 如果破口处掉下来的玻璃比注胶口大怎么办？

大的破口处贴上固化片，在中间挖个小孔，点 1~2 滴修复液防止窜动，完成抽真空过程。

8. 用手加压扩展裂痕可行吗？

不行，用手加压，力的均衡度难以掌握，最好用扩张器

9. 玻璃修复过程中会开裂为何越来越大？

因为玻璃撞击点里面的应力没有完全消退，部分裂痕是肉眼无法看见的暗纹，修复过程中有可能继续开裂。

复习题与实训考评

一、填空题

1. 汽车玻璃按照工艺属性分为_____、_____。

2. 汽车玻璃按照汽车上的位置分为_____、_____、_____、_____。

3. 汽车夹层玻璃厚度为_____。

4. 汽车玻璃修复是利用_____吸出玻璃裂缝中的空气。

5. 汽车玻璃裂痕之所以能看见是因为玻璃里面进入了_____，之后_____与_____之间又产生了光线的折射。

6. 注胶器的作用，可以实现_____、_____过程的自动定位和锁紧。

7. 玻璃扩张器的作用，是用于_____裂痕，使修复液能更好地渗透至裂痕里面。

8. 紫外线固化灯的作用是将修复液由_____转化成_____达到固化的效果。

9. 玻璃修复液是一种透光率接近于玻璃的_____。

10. 玻璃止裂孔的作用是防止玻璃裂痕继续_____。

11. 钢化玻璃的优点：抗压强度高，_____、安全性能强。

12. 为达到玻璃修复的最佳效果，整个过程中需在室内或夜晚等_____环境下进行操作。

13. 固化长条裂痕时，请不要将灯架吸盘安装在裂痕的_____，尽量安装

在_____，避免在按压灯架吸盘时使裂痕张开，影响修复效果。

14．放置密封圈时，应轻轻推动注胶器拉杆，使修复液与密封圈达到_____。

15．推动注胶器拉杆的时候，注胶器要与眼睛成_____，防止密封圈和修复液溢出喷入眼睛内。

16．将注胶器固定在三脚架上，注胶器中心孔对准玻璃裂痕的_____，将注胶器_____，力度控制在能将白色密封圈压到轻微变形即可。

17．使用注胶器时力度不能过大，压力过大会导致_____，压力过小会使修复液外溢，而且无法_____。

18．抽真空状态持续_____后观察注胶器是否存在气泡产生，如果没有气泡产生，视为抽真空已完成。

二、判断题

1．夹层玻璃破损后会形成蜂窝状的小颗粒。（　　　）

2．汽车钢化玻璃也可以进行玻璃破损修复。（　　　）

3．汽车玻璃破损修复，可以直接在太阳底下或者树荫下修复。（　　　）

4．汽车洗车后，可以直接进行玻璃破损修复。（　　　）

5．玻璃裂痕时间太长、太脏，可以用浓度95%酒精进行冲洗。（　　　）

6．固化修复液时，可以用手将固化片压平，排空里面的空气。（　　　）

7．玻璃破损修复不需要拆除原车玻璃及任何附件。（　　　）

8．玻璃破损修复后，可以恢复玻璃硬度和抗压强度。（　　　）

9．只要是夹层玻璃破损或裂缝，都可以进行玻璃修复。（　　　）

10．热风枪或吹风机进行局部加热，需要逐步的升温，切记不可达到烫手的温度，不可在一个点上持续加温。（　　　）

11．三脚架吸盘需要喷水，但水量不能过多，过多水流会影响修复效果。（　　　）

12．注入修复液时拉杆应缓慢放松，不可直接将拉杆推至底端。（　　　）

13．刮除操作中，刮伤了撞击点位置的修复液（已固化），需使用无尘布配合抛光膏进行抛光研磨处理。（　　　）

14．实训操作结束后，去除汽车外观防护用品、实训工具时需用无尘布将注胶器内壁及旋转拉杆擦拭干净，旋转拉杆密封垫涂抹

凡士林。　　　　　　　　　　　　　　　　　　　　　(　　)

15. 在修补之后依然感觉到有凹坑的存在，是因为没有用点坑修复剂或者在贴固化片时按下手印或者在固化前为了让固化片平整而用手按。　　　　　　　　　　　　　　　(　　)

16. 当接下固化膜，修复剂同时脱落，肯定是在修补前打了蜡或者镀了膜，劣质的修复液也会出现这种情况。　　　　(　　)

三、解析题

1. 简述汽车玻璃修复原理。

_____

2. 汽车玻璃破损后如何进行防护？

_____

3. 诚信即诚实守信，结合所学，总结身处一线维修服务岗位，如何做到诚信？

_____

四、实训考评

玻璃修复项目的工件为大众朗逸前风窗玻璃，利用玻璃破损器设置破损点，利用玻璃修复技术进行修复，时间为 50min。

单位：　　　　　　　姓名：　　　　　　　准考证号：

序号	考核项目	分值	评价标准	扣分	得分
1	安全防护用品	3分	考核过程中未佩戴口罩（1分）		
			考核过程中未佩戴防护手套（1分）		
			考核过程中未佩戴防护目镜（1分）		
2	清洁	6分	玻璃表面破损周围处未清洁（1分）		
			玻璃破损处杂质未清理（1分）		
			注胶器使用前未清洁（4分）		
3	工具使用情况	5分	工具随意摆放（3分，一次1分，扣完为止）		
			使用过的工具没有及时切断电源（2分）		
4	操作流程	43分	三脚架没有涂抹凡士林（3分）		
			三脚架中心位置与破损处位置不一致（5分）		
			添加修复液未按照标准操作（5分）		
			使用过的修复液未及时封存（2分）		
			注胶器未按照标准要求操作（5分）		
			抽真空流程未完成有气泡（5分）		
			铲刀刀片未按标准角度使用（8分）		
			长条裂痕止裂孔精准度（5分）		
			扩张器未按标准正确使用（5分）		

（续）

序号	考核项目	分值	评价标准	扣分	得分
5	修复效果	38分	破损处有空气没有排除干净（10分）		
			修复液没有完全注入破损处（10分）		
			长条裂痕有断层（空气）（8分）		
			玻璃造成二次破损（10分）		
6	整理	5分	三脚架表面凡士林未清洁干净（1）		
			注胶器表面内壁未清洁干净（1）		
			操作完成后设备、工具未归位整理（3分）		
	总分				

汽车玻璃划痕修复

项目描述

汽车在行驶一段时间后，玻璃表面上会出现很多划痕，造成的原因通常是汽车行驶过程中路面的石子飞溅在车窗上、刮水器在脏污情况下清洁玻璃，或者一些人为因素等，如图 3-0-1 所示。轻度的划痕直接影响着车身整理的美观，严重的划痕直接影响驾驶人视线，极有可能在行驶过程中造成安全隐患。

| 刮水器划痕 | 砂纸划痕 | 铲雪划痕 |
| 贴膜划痕 | 人为划痕 | 钥匙划痕 |

图 3-0-1　汽车玻璃划痕

汽车玻璃划痕修复技术利用研磨工艺，可以快速修复玻璃材质表面上的瑕疵，车辆无须更换汽车玻璃。

学习目标

知识目标

1. 了解汽车玻璃划痕的分类及判断标准。

2. 掌握汽车玻璃划痕程度修复方案。

3. 掌握汽车玻璃划痕修复原理。

技能目标

1. 熟练掌握玻璃划痕修复操作流程。

2. 根据划痕深浅选择相应的修复方案。

3. 掌握设备、工具的作用和使用方法。

4. 玻璃划痕修复过程中注意事项。

素养目标

1. 培养在工作中分工合作、团结协作的能力。

2. 培养创新开拓、坚持不懈的创新精神。

3. 培养细致入微、执着专注的工匠精神。

任务一　了解汽车玻璃划痕修复基础知识

一、汽车玻璃划痕的分类

玻璃修复的划痕一般分为两种，一种是轻微玻璃划痕，另外一种是严重玻璃划痕，如图 3-1-1 所示。

图 3-1-1　玻璃表面划痕

二、判断玻璃划痕损伤程度的方法

1）重度划痕：能通过肉眼明显观察到，使用手指或手指甲轻微触摸，能明显感觉划痕处有阶梯感。

2）中度划痕：能通过肉眼明显观察到，手指无法明显感觉，使用指甲盖来回触摸，能明显感觉划痕处有阶梯感。

3）轻微划痕：能通过肉眼明显观察到，但通过手指或指甲盖的触摸，基本无明显阶梯感。

三、玻璃划痕的修复方案

1. 重度划痕

修复流程：使用绿色研磨片（重度研磨片）把划痕完全打磨，然后依次使用粉色（中度研磨片）、蓝色（轻度研磨片）、橙色（细研磨片）研磨片进行研磨，每一道研磨要完全覆盖上一道研磨产生的区域，最后抛光与清洁，如图 3-1-2 所示。

图 3-1-2　研磨片的分类

2. 中度划痕

修复流程：使用粉色研磨片把划痕完全研磨掉，然后依次使用蓝色、橙色研磨片进行研磨，每一道研磨要完全覆盖上一道研磨产生的区域，最后抛光与清洁。

3. 轻微划痕

修复流程：使用抛光机在轻微损伤表面进行抛光处理，操作结束清洁玻璃表面。

四、玻璃划痕修复原理

玻璃划痕修复的原理其实就是对损伤面进行研磨后抛光处理。

具体解释就是：对于比较严重的划痕，首先采用颗粒度比较大的研磨片对损伤表面进行研磨，将划痕基本研磨掉，然后再使用细一号的研磨片对表面进行精磨，在基本完成研磨后，使用纯羊毛抛光盘或者海绵抛光轮，配合抛光膏进行表面抛光处理，待抛光结束后，彻底清洁玻璃表面。此时，即可完成玻璃表面划痕的修复。

实际操作过程中，对于一般性划痕，可以直接使用细研磨片进行研磨，研磨后抛光，修复就可以结束。部分轻微划痕，可以直接使用抛光膏抛光，抛光后，修复结束，如图 3-1-3 所示。

图 3-1-3　汽车玻璃抛光

任务二　设备工具的认知

一、电动工具的选择

调速电动工具的要求：

1）转速可调 2500~3000r/min 的抛光机、角磨机或者手电钻（注意：转速低于 2500r/min 起不到修复作用，高于 3000r/min 容易损坏玻璃），如图 3-2-1 所示；

图 3-2-1　电动抛光机

2）功率必须在 300W 以上；

3）螺纹轴为 M10，如用手电钻，夹头要求可夹范围为 8mm，配一个 $\phi 8$ 转 M10 转接头，如螺纹轴为 M14，则需要配一个 M10 转 M14 转接头。

二、研磨底座

研磨底座表面为光滑的皮革面，用来粘有背胶的研磨片。

🔧 **使用方法**　将底托装在可调速电动工具上以后，把研磨片粘到底托上，如图 3-2-2 所示。

三、抛光底托

抛光底托用来粘背面为绒面的羊毛抛光盘，如图 3-2-3 所示。

图 3-2-2　研磨底座　　　　图 3-2-3　抛光底托

🔧 **使用方法**　将底托装到可调速电动工具上以后，把羊毛抛光轮粘到底托上，配合抛光膏进行抛光。

四、羊毛抛光盘

纯羊毛抛光盘由于采用优质羊毛为原料，羊毛纯度高，油脂丰富，抛光玻璃最佳。

🔧 **使用方法**　配合可调速的电动工具和抛光膏使用，如图 3-2-4 所示。

五、玻璃划痕抛光膏

玻璃划痕抛光膏主要成分为氧化铈，具有切削力强、抛光速度快，而且无毒、无副作用的优点，如图 3-2-5 所示。

图 3-2-4　羊毛抛光盘　　　　图 3-2-5　玻璃划痕抛光膏

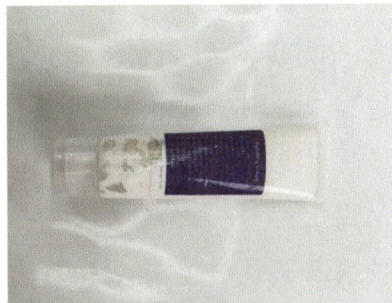

🔧 **使用方法** 配合可调速的电动工具和羊毛抛光盘使用。

六、研磨片的分类

研磨片的主要成分为进口金刚石颗粒，根据含金刚石颗粒大小分为 4 种不同颜色的研磨片（由粗到细），如图 3-2-6 所示。

图 3-2-6　研磨片的分类

绿色研磨片的金刚石颗粒为 37μm（约为 400 目）；

粉色研磨片的金刚石颗粒为 15μm（约为 800 目）；

蓝色研磨片的金刚石颗粒为 10μm（约为 1800 目）；

橙色研磨片的金刚石颗粒为 5μm（约为 3000 目）；

使用方法：配合可调速的电动工具和研磨底座配合使用。

任务三　汽车玻璃划痕修复实训操作

实训准备

1.实训人员必须穿戴相应的防护用品（工作服、口罩、防护手套、护目镜、耳塞）。

2.实训作业之前对汽车外观做好必要的防护（发动机舱盖、翼子板、车门），以免操作过程中划伤车漆。

3.实训过程中时刻检查电源插座、实训设备电源是否松动，防止发生触电。

4.玻璃修复对电动工具的转速要求很严格，转速可用范围：2500~3000r/min，功率在 300W 以上；

5.汽车玻璃驾驶视线范围内不建议研磨，研磨会产生变形，即：透过修复后的玻璃看直的物体会有弯曲的现象。

实训时间

40min

一、轻度划痕修复操作

1. 操作准备

实训人员必须穿戴好防护用品（口罩、护目镜、防护手套），整理实训工具、设备和用品。

2. 标记划痕位置

1）使用无尘布配合玻璃清洁剂将玻璃表面清洁干净，根据划痕损伤程度判断划痕损伤类型，选择相应的修复计划进行修复。

2）使用记号笔在玻璃的内侧画出需研磨抛光的位置。

3. 划痕抛光

轻度划痕修复主要采用抛光修复。

1）取下研磨底座更换抛光底座，将羊毛抛光盘与抛光底座正确安装。

2）将抛光膏挤压在羊毛抛光盘上，然后均匀涂抹于修复区域，起动抛光机，抛光机下压力约为30N，羊毛盘倾斜5°~10°进行往复式抛光研磨。

⚠ 注意　抛光时首先应注意玻璃表面温度是否过高，如温度过高必须停止抛光，以防止玻璃开裂。其次需要保持湿润，抛光操作15s，然后休息20s，接着喷水后继续抛光操作（喷水不能过多，抛光膏略微湿润即可）。

4. 抛光结束

抛光单次时间约为15s，单次抛光后需要加一次抛光膏；循环抛光20次后，用湿毛巾擦净观察划痕，如划痕仍未完全去除，可继续操作，直到划痕全部清除，玻璃表面光滑如新，此时抛光可以结束。

二、重度划痕修复操作

1. 操作准备

实训人员必须穿戴好防护用品（口罩、护目镜、防护手套），整理准备实训工具设备和用品，如图 3-3-1 所示。

2. 标记划痕位置

1）使用无尘布配合玻璃清洁剂将玻璃表面清洁干净，根据划痕损伤程度判断划痕损伤类型，选择相应的修复方法进行修复。

2）用记号笔在玻璃的内侧画出需研磨抛光的位置，图 3-3-2 所示。

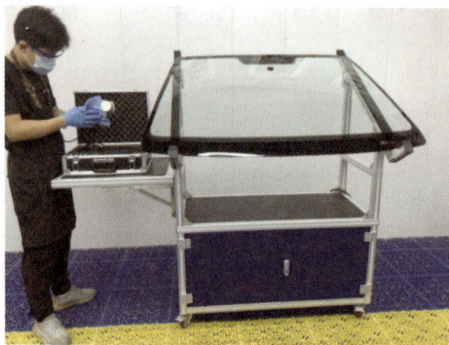

图 3-3-1　操作准备

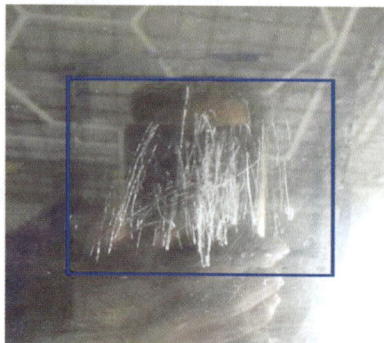

图 3-3-2　标记划痕位置

3. 划痕研磨

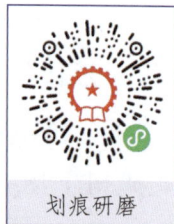

划痕研磨

1）将研磨底座与电动研磨机正确安装。

2）首先将绿色研磨片安装到研磨底座上。

3）打开电动工具对划痕位置进行往复研磨，抛光机下压力约为 30N。操作时，研磨片应倾斜 5°~10°。此次研磨，将划痕表面打磨至呈雾状即可，图 3-3-3a 所示。

4）取下绿色研磨片，安装红色研磨片，抛光机下压力同样约为 30N，研磨片倾斜 5°~10°，操作开关进行往复研磨操作，此次研磨与之前操作大致相同，待损伤区域研磨基本完成后，向外延伸打磨区域作为过渡，如图 3-3-3b 所示。

5）取下红色研磨片，安装蓝色研磨片，打磨覆盖上一步的痕迹并再次向外延伸打磨区域，如图 3-3-3c 所示。

6）取下蓝色研磨片，安装橙色研磨片，继续打磨覆盖上一步的痕迹，并向外延伸打磨区域，此时研磨范围应大于损伤范围约 3 倍大小，如图 3-3-3d 所示。

⚠ 注意　①研磨过程中，全程不能断水，研磨 5s 后需要抬起电动工具，让研磨片充分散热，目的是用水流带走研磨粉尘和降低玻璃表面温度，防止温度过高，损伤玻璃。

②每次研磨覆盖痕迹都需要向外延伸打磨区域，否则打磨完成后，打磨区域跟未修复区域会有明显的高度差，比如绿色的打磨区域为 $0.01m^2$，红色的打磨范围要覆盖 $0.01m^2$，并向外延伸3cm，依此类推进行打磨，最终打磨完成后不会与未修复区域形成明显的高度差。

③每道工序研磨后，及时用气管吹净打磨区域，用无尘布擦干。

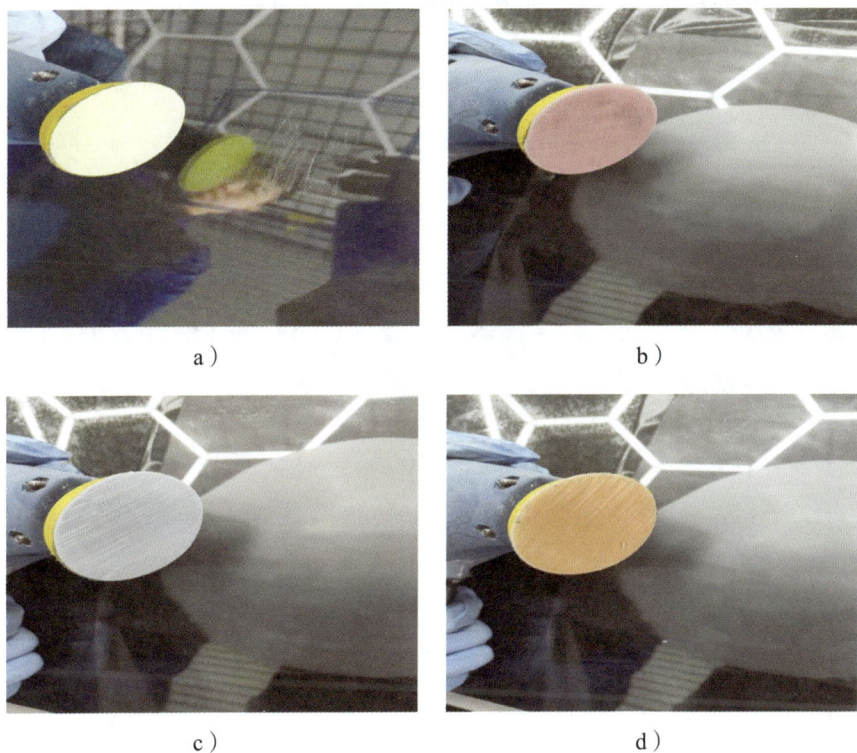

a)

b)

c)

d)

图 3-3-3　划痕研磨

4. 划痕抛光

1）取下研磨底座更换抛光底座，将羊毛抛光盘与抛光底座正确安装，如图 3-3-4a 所示。

2）将抛光膏挤压在羊毛抛光盘上，然后均匀涂抹于修复区域，起动抛光机，抛光机下压力约为 30N，羊毛盘倾斜 5°~10° 进行往复式抛光研磨，如图 3-3-4b 所示。

⚠ 注意　抛光时需要保持湿润，抛光操作 15s，然后休息 20s，接着喷水后继续抛光操作（喷水不能过多，抛光膏略微湿润即可）。

划痕抛光

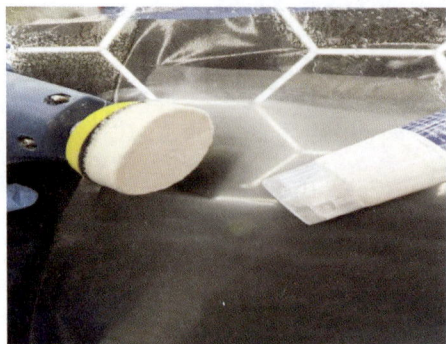

a）

b）

图 3-3-4　划痕抛光

5. 抛光结束

抛光单次时间约为 15s，单次抛光后需要加一次抛光膏；循环抛 20 次后用湿毛巾擦净玻璃观察划痕，如划痕仍未完全去除，可继续操作，直到划痕全部去除，玻璃表面光滑如新，此刻抛光结束，如图 3-3-5 所示。

⚠ **注意**　被抛光玻璃表面温度不能超过 60℃，以防玻璃变形。一般情况下，抛光 15s 就要抬起电动工具，用手触摸玻璃，如果感觉到玻璃温度过高，就要暂停抛光，等玻璃降温后再继续抛光。

使用喷水瓶给修复区域喷雾状水，以保证抛光膏一直保持膏状，但不要喷太多水避免抛光膏流走，喷太多水不但造成浪费，而且影响修复的效果；

钢铁的莫氏硬度在 4.5 左右，而玻璃的莫氏硬度在 7.5 左右（金刚石的莫氏硬度是 10）。从数据上可以看出玻璃的硬度要远高于钢铁，因此玻璃的抛光需要一定的时间和耐心，抛光 15cm×15cm 面积的轻微划痕有效抛光时间（即：转动的羊毛抛光盘与玻璃接触抛光的时间）在 5~15min 才能看到效果。

6. 整理工具

实训操作结束后，需对电动工具表面擦拭干净，羊毛抛光盘需清理干净，如图 3-3-6 所示。

⚠ **注意**　实训结束后需将实训场地及周围废料、粉尘清理干净，关闭电源开关，电源插排归位，培养良好的工作习惯。

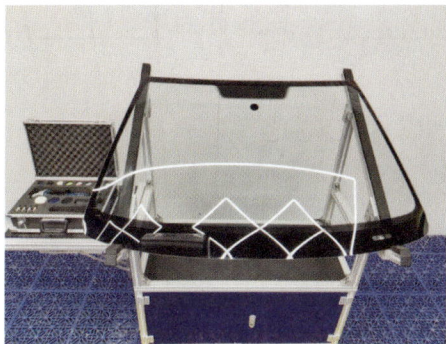

图 3-3-5 抛光结束

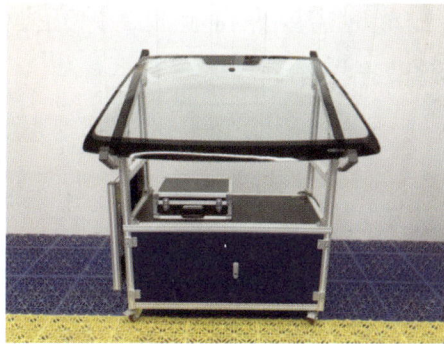

图 3-3-6 整理工具

复习题与实训考评

一、填空题

1. 汽车行驶一段时间后，玻璃表面上会出现很多划痕，例如 _____、_____、_____、_____、_____、_____。

2. 汽车玻璃划痕修复技术是利用_____可以快速修复玻璃材质_____的瑕疵，无须更换汽车玻璃。

3. 汽车玻璃修复的划痕一般可以分为，_____、_____。

4. 玻璃划痕修复的修复原理是：_____。

5. 中度划痕修复流程：使用_____研磨片把划痕完全研磨掉，然后依次使用_____、_____研磨片进行研磨，每一道研磨要完全覆盖上一道研磨产生的区域，最后抛光。

6. 对于一般性划痕，可以直接使用_____进行研磨，研磨后_____。

7. 玻璃修复对电动工具的转速要求很严格，转速可用范围：_____，功率在_____以上；

8. 良好的合作的前提是_____。

9. 划痕研磨时，打开电动工具对划痕位置进行往复研磨，抛光机下压力约为_____。操作时，研磨片应倾斜_____，此次研磨将划痕表面打磨成呈_____即可。

10. 划痕研磨过程中，全程不能断水，_____后需要抬起电动工具，让研磨片_____，目的是用水流带走研磨粉尘和降低玻璃表面温度，防止温度过高，损伤玻璃。

11. 抛光时需要保持湿润，抛光操作_____，然后休息_____，接着喷水后继续抛光操作。

12. 使用喷水瓶给修复区域喷雾状水，以保证抛光膏一直_____，但水量不宜过多，避免抛光膏流走，影响修复的效果。

13. 钢铁的莫氏硬度在_____，而_____的莫氏硬度在 7.5，_____的莫氏硬度是 10。

二、判断题

1. 经常用掸子拂拭前后风窗玻璃表面的灰尘是一种好习惯。　　　（　　）

2. 当发现新划痕时，一定要及时告知顾客，以取得沟通。　　　（　　）

3. 抛光剂实质是一种含颗粒更细的摩擦材料的研磨剂。　　　（　　）

4. 用无尘布把周围清洁干净，一定要清洁破损处。　　　（　　）

5. 中度划痕是能看得到，手指肚感觉不出来但指甲来回刮能明显感觉到的划痕。　　　（　　）

6. 对于轻微划痕，不可以直接使用抛光膏抛光。　　　（　　）

7. 汽车前风窗玻璃是夹层玻璃。　　　（　　）

8. 善于与人合作是一种品德，也是一种艺术。　　　（　　）

9. 汽车玻璃驾驶视线范围内不建议研磨，研磨会产生变形透过修复后的玻璃看直的物体会有弯曲现象。　　　（　　）

10. 在划痕研磨过程中，每次研磨覆盖痕迹都需要向外延伸打磨区域，否则打磨区域跟未修复区域有明显的高度差。　　　（　　）

11. 被抛光玻璃表面温度不能超过 90℃，以防玻璃变形。　　　（　　）

12. 在划痕研磨的每道工序研磨后应及时用气管吹干水分，用无尘布擦干。　　　（　　）

13. 研磨过程中应时刻注意研磨机的磨片使用时间和玻璃被研磨时间，让研磨片和玻璃得到良好的降温。　　　（　　）

三、解析题

1. 在玻璃划痕研磨中有哪些注意事项？

_____

_____

_____

2. 现代工作中需要时刻存有合作共赢的理念，并在实践中主动谋求合作。学生分组讨论，如何在未来工作中实现合作共赢。

_____

_____

_____

四、实训考评

玻璃划痕项目工件为大众朗逸前风窗玻璃，利用玻璃划伤器在玻璃表面制造一处长度为 10cm 宽度为 10cm 的正方形划伤，利用玻璃划痕修复工艺进行修复，时间为 40min。

单位：　　　　　　姓名：　　　　　　准考证号：

序号	考核项目	分值	评价标准	扣分	得分
1	安全防护用品	5分	考核过程中未佩戴口罩（1分）		
			考核过程中未佩戴防护手套（1分）		
			考核过程中未佩戴护目镜（1分）		
			考核过程中未佩戴防护耳塞（2分）		
2	清洁	5分	玻璃表面没有清洁干净（1分）		
			每道工序研磨后没有及时用气管吹净打磨区域，用无尘布擦干。（4分，未清理扣1分，未扣完为止）		
3	工具使用情况	5分	使用过的工具没有及时切断电源（2分）		
			工具随意摆放（3分，一次1分，扣完为止）		
4	操作流程	55分	玻璃划痕深浅的判断的准确性（10分，判断错误一次扣5分，扣完为止）		
			抛光底座的使用方法是否标准（5分）		
			羊毛抛光盘的使用方法是否标准（5分）		
			划痕操作流程，研磨片的选择是否标准（15分）		
			研磨过程中是否全程不间断水流（5分）		
			研磨过程中是否让研磨片和玻璃降温（5分）		
			玻璃抛光中，抛光膏是否用的雾状水（5分）		
			研磨抛光中，是否是按照标准往复运动操作（5分）		
5	修复效果	25分	研磨后研磨区域与周围有明显的过渡差（10分）		
			研磨后是否还留有划痕印记（10分）		
			研磨过程是否造成玻璃的二次损伤（5分）		
6	整理	5分	研磨机表面及工具表面粉尘是否清洁（2分）		
			操作完成后要把设备、工具放回原处，摆放整齐（3分，未摆放整齐扣1分，扣完为止）		
	总分				

汽车轮毂修复

项目描述

　　轮毂剐蹭是日常行车中都难以避免的问题，如路边的花坛和石基都是隐形的"杀手"，进行侧方停车时稍不注意就会在轮毂上留下一道道的划痕，严重会造成轮毂裂纹、缺口，甚至变形，如图 4-0-1 所示。轮毂剐蹭虽然不影响车辆正常使用，可是非常影响美观，尤其是对于爱车人士来说，是一件非常难受的事情。通常情况下对于受损情况不严重的轮毂，我们可以选择轮毂修复技术进行修复，不必花高昂的费用更换轮毂。

图 4-0-1　轮毂伤痕

学习目标

知识目标

1. 了解轮毂的类型结构。

2. 掌握轮毂常见的几种损伤修复方法。

3. 了解轮毂的养护方法。

技能目标

1. 熟练掌握汽车轮毂修复流程。

2. 掌握轮毂有缺口的修复方法。

3.掌握轮毂划痕、泛黄、龟裂的修复方法。

4.轮毂修复过程中注意事项及设备的使用方法。

素养目标

1.培养一丝不苟、精益求精的工匠精神。

2.树立低碳减排的理念。

任务一 了解汽车轮毂修复基础知识

汽车轮毂修复是指在不破坏铝合金分子结构和力学性能情况下，使用专用的修补材料解决轮毂的磨损、边缘断裂、缺口、腐蚀、凹陷等问题，像轮毂表面出现裂痕、变形或者是已经完全断裂的轮毂是没有办法进行修复的。

汽车轮毂翻新是根据轮毂表面的材质特性对磨损，划伤，褪色，小残缺等情况选用专业技术和材料进行修复翻新。

一、汽车轮毂的类型

1.轮毂按其表面处理工艺，大致可分为烤漆和电镀两种

（1）烤漆轮毂

价格适中、经久耐用。普通车型的轮毂在外观上考虑得较少，散热性好是一项基本要求，工艺上基本采用烤漆处理，即先喷涂然后电烤，成本比较经济而且颜色靓丽、保持时间长久，即使车辆报废了，轮毂的颜色依旧不变，如图4-1-1所示。大多数车型轮毂表面处理工艺都是烤漆，一些时尚前卫、动感十足的彩色轮毂运用的也是烤漆技术。这类轮毂价格适中，规格齐全。

（2）电镀轮毂

价差很大。电镀轮毂又分电镀银、水电镀和纯电镀等类型。电镀银和水电镀轮毂虽然色泽鲜亮生动，但是保持时间较短，所以价格相对便宜，为很多追求新鲜感的年轻人所喜欢，如图4-1-2所示。纯电镀轮毂，色泽保持时间长久，可说是质优价高。有一些中高档轿车会原厂标配纯电镀轮毂。

2.轮毂按材质又可以分为两大类：钢轮毂、合金轮毂

（1）钢质轮毂

它最主要的优点就是制造工艺简单，成本相对较低，而且抗金属疲劳的能力很强，也就是我们俗称的便宜又结实。但钢质轮毂的缺点也相对比较突出，就是外观不够美观，重量较大，惯性阻力大，散热性也比较差，而且非常容易生锈。

（2）合金材质轮毂

它的重量较轻，惯性阻力小，制造精度高，在高速转动时的变形小，惯性阻力小，有利于提高汽车的直线行驶性能，减轻轮胎滚动阻力，从而降低了油耗。合金材质的导热性能又是钢的三倍左右，散热性好，对于车辆的制动系，轮胎和制动系统的热衰减都能起到一定的作用。

目前，市场上的原厂车的合金轮毂都以铝合金为主（见图4-1-3），当然很多改装轮毂为了达到一定的特殊要求以及视觉的提升会选择铬、钛等元素作为基本材料。不过，跟钢材质轮毂比起来，合金轮毂的价格要贵出不少，所以往往在很多中低端级别的原厂车中，钢质轮毂会出现在低配车型上，只在高配车型上配套合金轮毂。

图 4-1-1　烤漆轮毂　　　　图 4-1-2　电镀轮毂　　　　图 4-1-3　铝合金轮毂

二、轮毂常见的几种损伤修复方法

1.轮毂边缘刮擦损伤

这是比较常见的一种轮毂损伤，当汽车轮毂贴着马路边缘转动的时候就很容易损伤轮毂外缘，面对这种情况，通过专业的焊接技术，可以完成修复翻新。

2.轮毂边缘断裂损伤

汽车的轮毂不小心受到硬物撞击会造成轮毂边缘断裂，通常这种情况之下，

汽车轮胎就必须要更换，轮毂还可以通过焊接、整形完成修复翻新。

3. 轮毂边缘缺口

当坚硬轮毂受到石块或其他坚硬物体猛烈撞击，会把汽车轮毂的边缘撞成缺口，轮毂翻新专家通过根据缺口形状进行堆焊、密闭测试及表面处理完成修复。

4. 轮毂裂纹

汽车轮毂出现裂纹，千万不能够忽视，轮毂裂纹存在严重的安全隐患，可以通过裂缝焊接、抛光、烤漆等程序对轮毂修复翻新。

5. 轮毂弯曲、变形

汽车轮毂受到碰撞或撞击时，容易造成汽车轮毂轮缘弯曲、变形等现象，属于严重损害，只要不伤及轮毂的结构，通过轮毂修复设备与特殊工艺对损坏的轮毂加以整形矫正。

6. 轮毂泛黄

轮毂长时间使用，都会出现泛黄的情况，不仅影响轮毂的美观度，更是影响汽车整体的美观度，可以通过烤漆，拉丝，抛光等工艺进行轮毂翻新。

三、轮毂的养护方法

铝合金轮毂以其美观大方、安全轻便等特点博得了越来越多私家车主的青睐。几乎所有的新车型都采用了铝合金轮毂，并且很多车主朋友也将原来车上用的钢质轮毂换成铝合金轮毂。在这里，向大家介绍铝合金轮毂的养护方法：

1）当轮毂温度较高时，应让其自然冷却后再进行清洁，千万不能用冷水直接清洗。否则，会使铝合金轮毂受损，甚至导致制动盘变形而影响制动效果。另外，在高温时用清洁剂清洁铝合金轮毂，会使轮毂表面失去光泽，影响美观。

2）当轮毂上粘有难以清除的柏油时，如果一般的清洁剂无法消除，可用刷子试着处理。

3）车辆所在地若湿度较大，轮毂应勤清洗，以免盐分对铝合金表面造成腐蚀。

4）清洁干净后，可对轮毂进行打蜡保养。

任务二　设备工具的认知

一、紫外线固化灯

紫外线固化灯功率 1kW、波长 365nm，特点是固化速度快，可以达到快速固化的效果，如图 4-2-1 所示。

参数要求：紫外线固化灯必须是高压汞灯，1kW 或以上功率。

⚠ 注意　紫外线固化灯光线对眼睛有一定伤害，在使用时要做好防护措施，必须佩戴紫外线护目镜。

图 4-2-1　紫外线固化灯

紫外线固化灯固化原理：在特殊配方的树脂中加入光引发剂（或光敏剂），经过吸收紫外线固化设备（紫外线固化灯）中的高强度紫外线后，产生活性自由基，从而引发聚合反应，使树脂在数秒内由液态转化为固态。

二、气动刻磨机

气动刻磨机夹头尺寸为 6mm，转速 22000r/min，是由气能转化成动能，通过调节转速开关来控制转速，用来打磨轮毂边缘毛刺以及实训过程中用于制造损伤的常用工具，如图 4-2-2 所示。

图 4-2-2　气动刻磨机

三、空气喷枪

空气喷枪（以下简称喷枪）是喷涂的关键设备，是经过精确设计和制造的专业工具。喷枪的主要作用是将涂料均匀地喷涂在物件表面，以得到良好的防腐与漆装效果。

1. 喷枪的工作原理

喷枪是利用空气压力将液体转化为小液滴的喷涂工具，转化过程称为雾化。雾化使涂料成为可喷涂的细小且均匀的液滴，当这些小液滴被以正确的方式喷在物件表面后就会结合形成一层厚度极薄的、平整的膜。

如图 4-2-3 所示，用力吹空气管，空气将快速流过竖直管的上端，使竖直管内气流的压力下降，容器中的液体通过竖直管吸出，被高速流动的空气吹散。通过竖直管上端的空气流速越快，管内的压力下降越多，单位时间内将有更多的液体被从容器中吸出。

喷枪雾化的基本原理与此类似，只是喷枪的雾化更为复杂（见图 4-2-4）。喷枪雾化过程分为以下三个阶段进行。

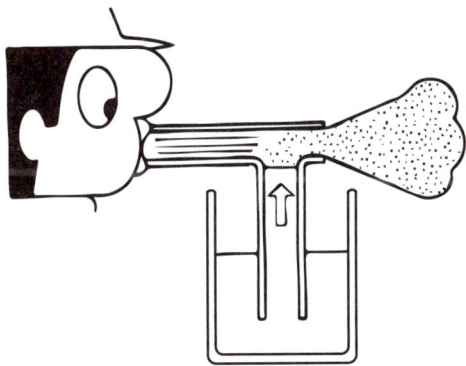

图 4-2-3　雾化原理

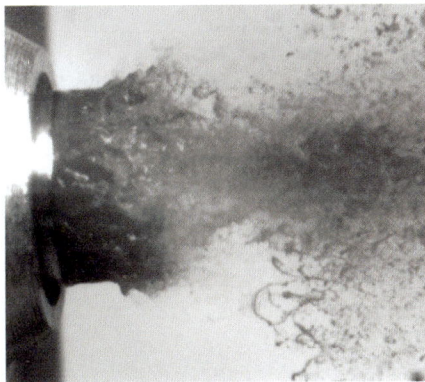

图 4-2-4　喷枪雾化过程

第一阶段，涂料由于虹吸作用从喷嘴喷出后，被从环形口喷出的气流包围，气流产生的气旋使涂料分散。

第二阶段，涂料的液流与从雾化气孔喷出的气流相遇时，气流控制液流的运动，并进一步使其分散。

第三阶段，涂料受从空气帽喷幅控制孔喷出的气流作用，气流从相对的方向冲击涂料，使其成为扇形的液雾。

2. 喷枪类型

喷枪的类型和规格较多，适用于不同场合的喷涂，但其基本功能和原理是一致的。喷枪按进料方式不同分为重力式、虹吸式和压送式三种。

（1）重力式喷枪

重力式喷枪也被称为上壶式喷枪，如图 4-2-5 所示。

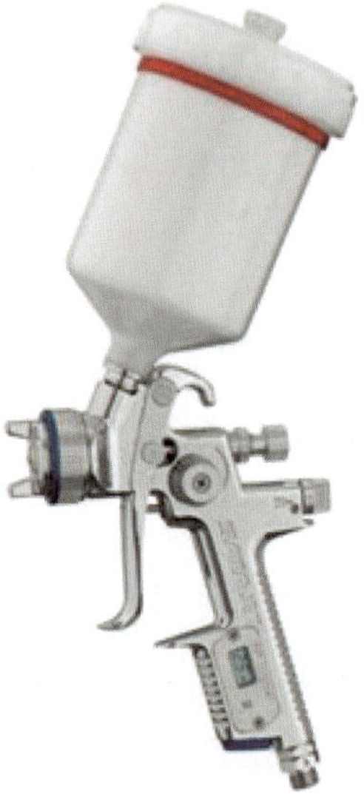

图 4-2-5 重力式喷枪

重力式喷枪的涂料杯位于喷枪喷嘴的后上方，喷涂时涂料借助自身的重力流向喷嘴及利用涂料喷嘴尖端产生的空气压力差使涂料形成漆雾。

该喷枪的优点是涂料黏度不变，喷漆量不变；涂料罐的位置可使喷涂操作自由度大，施工容易。本教材使用的喷枪即为重力式喷枪。

该喷枪的缺点是涂料罐在喷嘴上方，影响喷枪的稳定性；涂料罐容量小（一般在 500mL 左右），不适合喷涂较大面积。

（2）虹吸式喷枪

虹吸式喷枪也称下壶式、吸上式、吸力式喷枪，如图 4-2-6 所示。虹吸式喷枪的涂料杯位于喷枪嘴的后下方，喷涂时利用气流作用，靠压缩空气在喷嘴口处形成的负压将漆壶里的涂料吸入枪体，并在喷嘴处由压力差而引起漆雾。虹吸式喷枪的进料方式是吸进后再被压缩空气吹散、雾化。喷涂时出漆量均匀稳定。漆壶材质多为铝材，漆壶容量以 1.1L 为主。

虹吸式喷枪的优点一方面是工作稳定，便于向涂料罐加涂料或变换颜色，大面积喷涂时可换掉料杯，抽料皮管直接从容器中抽吸涂料连续工作；另一方面是漆壶容量大，一次可涂装的面积大，另外喷枪容易放置。

虹吸式喷枪的缺点是喷涂水平表面比较困难；当涂料黏度变化时易引起喷出量的变化；其涂料罐重量比重力式喷枪的要大些，操作者易产生疲劳；漆壶内的涂料残余量大。

（3）压送式喷枪

压送式喷枪（见图 4-2-7）的涂料喷嘴与气帽正面平齐。将压缩空气直接充入涂料罐，涂料在压力作用下通过输料管进入喷枪，再在喷嘴雾化。

图 4-2-6 虹吸式喷枪   图 4-2-7 压送式喷枪

压送式喷枪与前两类喷枪结构差别较大，其一，它盛装涂料的容器是大容积的压力罐，因此适用于大面积的工业涂装；其二，它的涂料罐与喷枪枪体是分离的，工作时涂料通过输料管进入枪体，它的涂料进入枪体完全是靠压缩空气压入的，涂料进入喷枪时带有压力，所以可以喷涂黏度较大的涂料。

该喷枪的优点是可以大面积地喷涂工件而不需要经常添加涂料，可以喷涂其他喷枪无法喷涂的高黏度、腐蚀性涂料，喷涂方位调整容易，涂料喷出量调整范围大。

该喷枪的缺点是不适合小面积涂装，需要增添设备、清洗麻烦、稀释剂损耗大，不适合汽车修理厂修补涂装方面应用，主要在大型车辆涂装和工业涂装上使用较多。

3. 喷枪的结构组成

因为精致修复通常使用的喷枪为重力式喷枪，这里主要介绍重力式喷枪的结构。喷枪主要由空气帽、喷嘴、喷嘴针阀、涂料通道、涂料罐、空气通道、扳机、流量调节旋钮、喷幅调整旋钮、气压调整旋钮、压缩空气阀、压缩空气接头等组成，如图 4-2-8 所示。下面对喷枪的精密零部件空气帽、喷嘴、喷嘴针阀进行介绍。

（1）空气帽

空气帽把气流吸上来的油漆雾化并形成一定的喷幅。空气帽上的喷孔有三种，即中心雾化孔、喷幅调节孔和清洁及辅助雾化孔，如图 4-2-9 所示。中心雾化孔用来在喷嘴处产生低压以喷出涂料；喷幅调节孔通过调节压缩空气流量

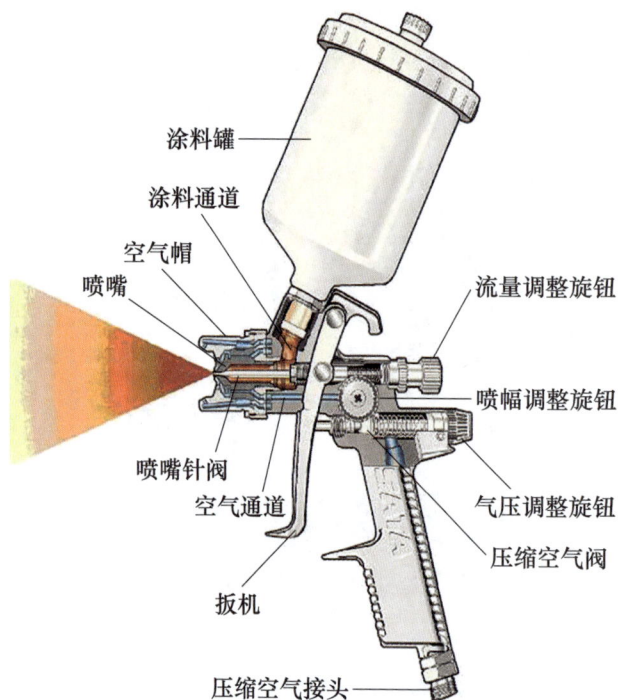

图 4-2-8 重力式喷枪结构

涂料罐
涂料通道
空气帽
喷嘴
喷嘴针阀
空气通道
扳机
压缩空气接头
流量调整旋钮
喷幅调整旋钮
气压调整旋钮
压缩空气阀

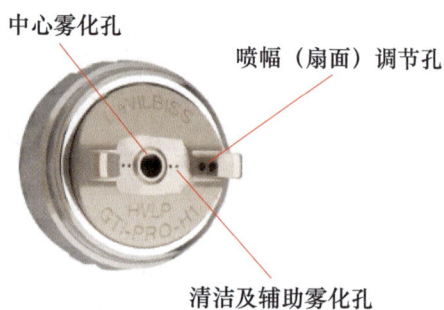

图 4-2-9 空气帽上的喷孔

中心雾化孔
喷幅（扇面）调节孔
清洁及辅助雾化孔

的大小来调节喷幅；清洁及辅助雾化孔用来使涂料雾化更精细并且保持空气帽的清洁，辅助孔数量越多，则空气流量越大，涂料雾化效果越好，如图 4-2-10 所示。此外，通过旋转空气帽到不同的角度还可以改变喷幅的方向。

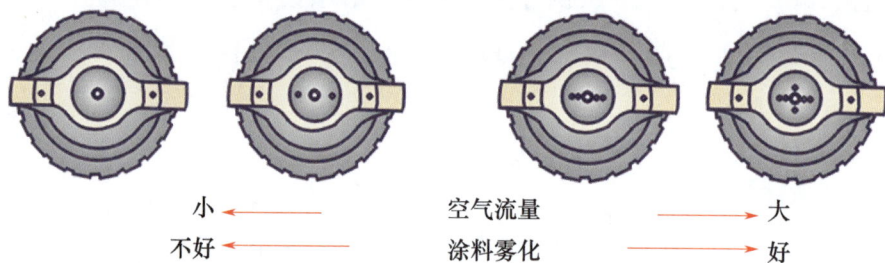

小 ← 空气流量 → 大
不好 ← 涂料雾化 → 好

图 4-2-10 辅助喷孔数量与油漆雾化效果

（2）喷嘴

喷嘴由不锈钢材料制成，与空气帽一起完成对喷枪雾化扇面的控制，如图 4-2-11 所示。它的口径用毫米表示，不同口径的喷嘴拥有不同的油漆喷出量。

（3）喷嘴针阀

喷嘴针阀又叫枪针，由不锈钢制成，与喷嘴一起完成对喷枪流体的控制，如图 4-2-12 所示。

图 4-2-11　喷嘴

图 4-2-12　喷嘴针阀

四、速成铝胶棒

速成铝胶棒是一种无腐蚀性、铝加强型的树脂材料，可用于对铝制品的裂纹，断裂，凹坑等进行修补和填平。

揉合后的胶泥具有很好的黏合力，固化后平均搭接抗拉强度可达 4.9~5.9MPa，操作简单，固化迅速，胶棒特殊的胶泥形态，使其可直接用手揉合使用，使用时不滴落不流淌，操作就像孩子玩橡皮泥一样简单，5min 初固，20min 全固，固化后的胶体很硬，可以切削，打磨，喷漆，进行表面整修。速成铝胶棒，如图 4-2-13 所示。

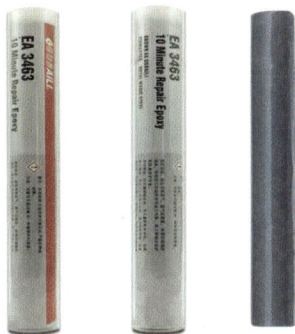

图 4-2-13　速成铝胶棒

🔧 **使用方法**　　1）使用前，须将修复处周围的毛刺及表面清理干净。

2）取出塑料管中的胶体，切下所需用量，然后将胶体内芯与外皮两种不同颜色的材料揉合均匀（揉合时间大约 1~3min）。

3）将揉合后的胶体粘贴至轮毂需要修补处，要用力压实（使用手或工具）并保持一段时间直至胶体明显开始固化。撤掉压力，一般需要 10min 左右开始固化直至发硬（固化时间受温度、湿度影响，完全固化时间需根据实际情况判断）。

五、铝合金原子灰及固化剂

铝合金原子灰具有附着力强、易打磨、不开裂、干燥速度快、易刮涂等特点。铝合金原子灰及固化剂，如图 4-2-14 所示。

铝合金原子灰与固化剂调和比例为 50∶1，须搅拌均匀。

🔧 **使用方法及用途** 将合金原子灰与固化剂按照比例搅拌均匀，使用刮板刮涂至轮毂表面受损处，要求快速且均匀，耗时过长合金原子灰会固化影响使用。

图4-2-14 铝合金原子灰及固化剂

⚠️ **注意** 合金原子灰只能修复轮毂表面划痕及轻微缺失的损伤，不可刮涂缺口损伤，缺口损伤只能使用速成铝胶棒修复。合金原子灰若用于修复缺口会因涂层过厚，导致后期出现开裂及缺失。

六、轮毂罩光液

轮毂罩光液俗称光油，是一种透明树脂起到增加光泽和保护轮毂的作用。

🔧 **使用方法** 取适量罩光液使用400目过滤网倒入喷壶中进行喷涂。

⚠️ **注意** 一般倒入量为喷壶容积的1/2，使用后剩余的可重新收集至分装瓶内，待下次使用。

七、脱脂剂

脱脂剂表面活性成分能够快速溶解污垢，主要用于清除附着于轮毂表面的油渍及顽渍，以及喷涂前对轮毂表面进行脱脂处理。

🔧 **使用方法** 将脱脂剂均匀地涂抹在毛巾表面，使用毛巾对轮毂进行擦拭，避免出现遗漏。

任务三 轮毂修复实训操作

实训准备

1.实训人员必须佩戴相应的防护用品（工作服、口罩、防护手套、护目镜、围裙）。

2. 轮毂打磨必须在通风良好的环境中进行操作。

3. 轮毂喷漆需要在烤漆房内操作。

4. 每一道打磨工序完成后，必须使用气枪配合无尘布将表面清洗干净，保持干燥。

实训时间

40min

一、轮毂修复操作

1. 操作准备

实训人员必须穿戴好防护用品（口罩、护目镜、防护手套、围裙）整理准备实训工具设备和用品，实训场地需通风良好，如图 4-3-1 所示。

2. 清洗轮毂

轮毂表面喷洒轮毂清洗剂，使用轮毂刷仔细清洗表面、边缝、内壁，然后用清水冲净，最后使用气枪配合毛巾将轮毂多余水分吹干并擦拭干净，如图 4-3-2 所示。

图 4-3-1　操作准备

图 4-3-2　清洗轮毂

清洗目的：清除轮毂表面的油污、铁粉、制动盘粉尘。

3. 判断受损情况

观察轮毂受损情况判断是否可进行修复，轮毂表面是否出现严重裂痕、变形，如图 4-3-3 所示。

图 4-3-3　轮毂损伤

（1）轮毂有缺口的修复方法

1）打磨轮毂。

将砂轮头安装到气动刻磨机上，对破损的轮毂表面进行打磨，之后更换砂纸（600目水砂纸），将轮毂残缺处打磨成粗糙面，增加修补材料的附着力，如图 4-3-4 所示。

⚠ 注意　用砂轮头打磨的主要目的是去掉轮毂表面毛刺。

2）修补填充：

①将轮毂残缺处表面灰尘及打磨的铝屑清理干净。

②根据残缺处面积大小，从速成铝胶棒切下适量的胶泥，如图 4-3-5 所示，将切下的胶泥用手搓揉 2~3min（使两种颜色融合均匀），若发现当中有细小的硬物可以去掉，如此修复效果更佳。

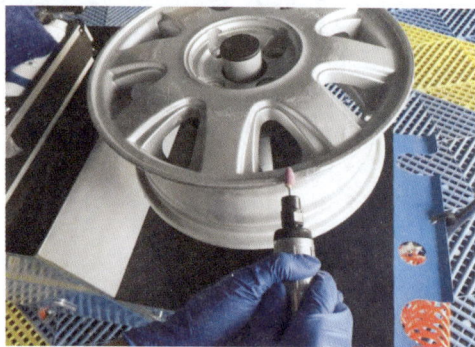

图 4-3-4　打磨轮毂　　　　　图 4-3-5　修补填充

⚠ 注意　在修补前应先查看缺口大小，若宽度和深度超过 3cm 则不建议修补，若缺口很浅则应当用钢锯适度修深，这样修补后的缺口才会牢固。

③将搓揉后的修补铝压实到轮毂需要修补的地方，可根据轮毂的模型填补，等

待材料固化。

⚠ **注意** 气温在25℃以上20min内能够完全固化，冬季固化时间慢，可以借助专用设备（短波红外线烤灯）加热烘干。

3）打磨塑形。

待材料完全固化后，用气动刻磨机配合砂轮头对修补过的地方进行打磨，将多余的胶体磨掉，用320目水砂纸打磨至轮毂基本恢复原状，如图4-3-6所示。

图4-3-6 打磨塑形

⚠ **注意** 粗磨之后不能留下明显的高点，修补处与周围过渡面要平稳光滑，不能有明显的接口或者高低面，可以稍微低点，但是不能高出轮毂原来的形状。

（2）轮毂只有表面划痕、泛黄、龟裂的情况

轮毂打磨：根据不同受损程度来选用不同型号的水砂纸进行打磨。

1）轮毂划痕处都存在毛刺，因此必须用水砂纸沾水打磨划痕处，反复打磨直至光滑。

2）轮毂泛黄、龟裂处需要用水砂纸以由粗到细的规格逐步打磨，才可以进行喷漆。

⚠ **注意** 轮毂泛黄、龟裂修复视受损情况而定，受损轻微的无须用原子灰找平，可以直接喷漆。

4. 原子灰打平

1）使用气枪配合毛巾将轮毂表面的液体、灰尘和铝屑清理干净。

2）将原子灰和固化剂按照比例混合均匀后（原子灰：固化剂=3：1），使用

刮板均匀地刮到轮毂表面修补处。

3）待原子灰固化后用 400~600 目水砂纸将轮毂原子灰表面打磨平整，并将整个轮圈用 600 目水砂纸打磨成哑光，打磨过后将轮毂表面清洁干净并保持干燥。

4）用刮板将红灰均匀地刮到原子灰修补过的位置，等待红灰干燥（见图 4-3-7），然后用 800~1000 目水砂纸打磨平整，最后用 2000 目的水砂纸进行精细打磨，如图 4-3-8 所示。

⚠ **注意**　①原子灰的主要作用是填平与修饰底材缺陷；

②红灰的主要作用是填补砂纸痕迹和一些针眼大小的砂眼，还可以预防喷油漆时原子灰没有打磨平而产生印子；

③原子灰只能填充小的瑕疵和划痕，对于大的瑕疵及缺口只能使用速成铝胶棒进行修复。

原子灰打平

图 4-3-7　原子灰打平

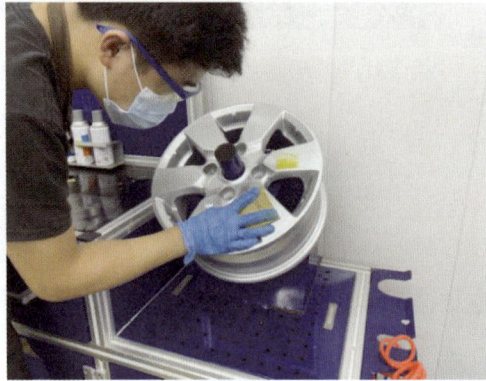

图 4-3-8　检查表面打磨质量

5. 轮毂脱脂

将适量的轮毂脱脂剂倒在毛巾上，用毛巾将轮毂需要喷漆的表面全部擦拭一遍，用除尘布擦除表面灰尘，如图 4-3-9 所示。

⚠ **注意**　脱脂的目的是保证漆膜与金属的良好附着力。

6. 喷涂面漆

将调好的面漆与稀释剂按照一定比例稀释，并用滤纸过滤杂质，将面漆均匀地喷涂至轮毂表面，待第一遍面漆干燥后再喷涂第二遍面漆，如图 4-3-10 所示。

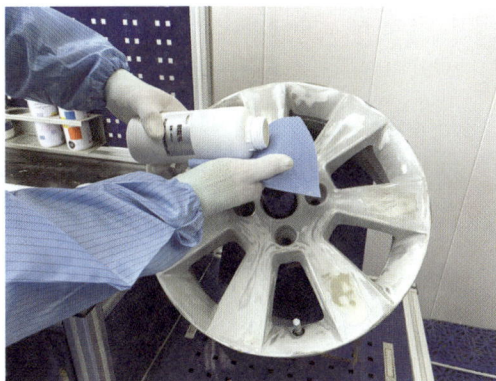

图 4-3-9　轮毂脱脂处理

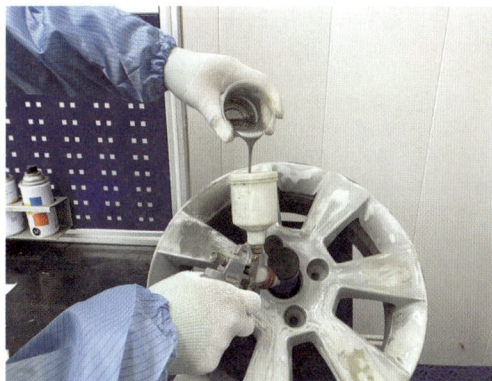

图 4-3-10　喷涂面漆

7. 喷镀膜液

待面漆完全干透后，将过滤后的镀膜液倒入专用的修复喷漆中，调整雾化幅度，将镀膜液均匀地喷涂至轮毂表面，一般喷涂两遍，如图 4-3-11、4-3-12 所示。

图 4-3-11　喷镀膜漆

图 4-3-12　喷镀膜漆

8. 镀膜固化

喷涂过后视环境而定，流平 3~10min，提前开启紫外线固化灯预热 3~5min，紫外线固化灯距轮毂表面距离 15~30cm，由边缘至中心均匀照射，局部照射时间 7~15s，整个轮毂照射时间不能超过 3min，如图 4-3-13 所示。

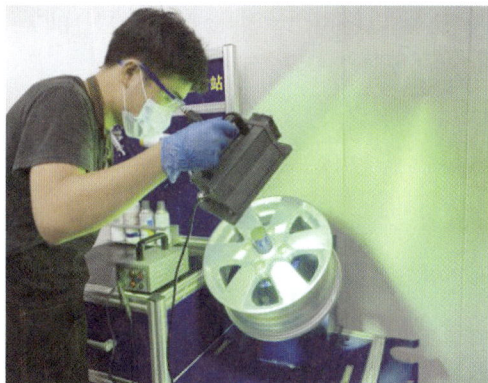

镀膜固化

图 4-3-13　镀膜固化

⚠️ **注意** 照射时间过长，会影响镀膜液的使用寿命。

9. 检查轮毂

检查轮毂表面是否有少量的尘粒，如果有可用 2000# 水砂纸轻微打磨，用高速抛光机进行抛光处理，然后用毛巾擦拭轮毂，检查轮毂是否光亮。

10. 整理工具

实训结束后将实训场地清理干净，关闭电源开关，将电源插排归位，养成良好的工作习惯，如图 4-3-14 所示。

图 4-3-14 整理工具与工位

⚠️ **注意** 每一个打底的环节都要完全烤干，避免影响喷涂后材料表面的硬度。

二、轮毂修复常见问题及解决方案

1. 修复完的轮毂表面有颗粒状灰尘点

灰尘点是喷涂作业时，浮尘随涂料附着于作业表面形成的。喷涂作业建议在无尘车间内进行。喷枪在使用前需清理干净，保证枪内没有任何残留的颗粒与杂质。

2. 出现灰尘点如何处理

出现灰尘点可以通过抛光来处理。

3. 喷涂后出现桔皮纹

出现桔皮纹的原因一般是喷涂的漆膜过厚或者喷枪调整不当等原因造成的，另外空气流量过大将喷涂好的镀膜液吹散也是造成桔皮现象的重要原因之一。

4. 喷涂后为什么要流平

流平的作用是使喷涂在工件表面上的漆滴摊平，并使溶剂中的挥发性物质完全挥发掉，保证漆膜的平整度和光泽度。

5. 镀膜层脱落的原因

喷涂前轮毂表面没有彻底清洁干净，有水或油附着在表面。

复习题与实训考评

一、填空题

1. 路边的花坛和石基都是隐形的"杀手"，进行侧方停车时稍不注意就会在轮毂上留下一道道的_____，严重会造成轮毂_____、_____，甚至_____。

2. 通常情况下对于受损情况不严重的轮毂，我们可以选择_____进行修复，不必花高昂的费用更换轮毂。

3. 汽车轮毂修复是指在不破坏_____和_____情况下，使用专用的速成铝胶棒解决轮毂的磨损，_____，_____，_____，_____等问题。

4. 轮毂按其表面处理工艺，大致可分为_____和_____两种。

5. 轮毂按材质又可以分为两大类：_____、_____。

6. 当坚硬轮毂受到石块或其他坚硬物体猛烈撞击，会把汽车轮毂的边缘撞成缺口，轮毂翻新专家通过根据缺口形状进行_____、_____及_____完成修复。

7. 轮毂表面喷洒_____，使用轮毂刷仔细清洗表面、边缝、内壁。

8. 喷涂过后视环境而定，流平_____，提前开启紫外线固化灯预热_____，紫外线固化灯距轮毂表面距离_____。

9. 轮毂缺口在修补前应先查看缺口大小，若宽度和_____超过_____则不建议修补。

10. 清洗轮毂的目的是清除轮毂表面的_____、_____、_____。

11. 车辆所在地若湿度较大，轮毂应勤清洗，以免_____对铝合金表面造成_____。

12. 合金材质轮毂其重量轻、_____、制造精度高，在高速转动时的变形小、_____，有利于提高汽车的直线行驶性能，减轻轮胎滚动阻力，从而降低了油耗。

13. 电镀轮毂又分_____、_____和纯电镀等类型。

14. 轮毂常见的损伤：轮毂边缘刮擦损伤、轮毂边缘断裂损伤、_____、_____、轮毂弯曲和变形、_____。

15. 紫外线固化灯应由边缘至中心均匀照射修补的轮毂，局部照射时间_____，整个轮毂照射时间不能超过_____。

16. 清洗轮毂时，轮毂表面喷洒轮毂清洗剂，使用轮毂刷将_____、_____、_____清理干净，然后用清水冲净，最后使用_____将轮毂多余水分吹干并擦拭干净。

二、判断题

1. 轮毂清洗目的是清除轮毂表面的油污、铁粉、刹车盘粉尘。（　　）

2. 轮毂喷漆不需要在烤漆房内操作。（　　）

3. 用砂轮头打磨的主要目的是去掉轮毂表面毛刺。（　　）

4. 宽度和深度超过 3cm 的缺口不建议修补。（　　）

5. 红灰的主要作用是填平与修饰底材的缺陷。（　　）

6. 脱脂的目的是保证漆膜在金属表面能够良好地附着。（　　）

7. 汽车的轮毂不小心受到硬物撞击会造成轮毂边缘断裂，轮毂必须更换。（　　）

8. 原子灰只能针对小的瑕疵、划痕起填充作用，大的瑕疵、缺口只能使用速成铝胶棒进行修复。（　　）

9. 轮毂划痕的地方都是很粗糙的，所以必须用水砂纸沾水打磨划痕处，反复打磨直至光滑。（　　）

10. 当轮毂温度较高时，应让其自然冷却后再进行清洁，可以用冷水来清洗。（　　）

11. 轮毂边缘损伤时，汽车轮胎必须更换，轮毂可以通过焊接、整形进行修复翻新。（　　）

12. 在高温时用清洁剂清洁铝合金轮毂，会使轮毂表面失去光泽，影响美观。（　　）

13. 流平是为了让湿漆工作表面溶剂中的挥发性气体在一定时间内完全挥发掉，从而保证了漆膜的平整度和光泽度。　　　（　　　）

14. 轮毂泛黄、龟裂处的修复视受损情况而定，轻微的只需用原子灰整平，然后直接喷漆。　　　（　　　）

15. 打磨塑型中，粗磨之后不能留下明显的高点，修补处与周围过渡面要平稳光滑，可以有部分接口或者高低面，但是不能高出轮毂原来的形状。　　　（　　　）

16. 镀膜层脱落的原因是喷涂前轮毂表面没有彻底清洁干净，有水或油依附在表面。　　　（　　　）

三、解析题

1. 简述轮毂有缺口的修复方法。

_____

2. 喷涂后为什么要流平？

_____

3. 修复完的轮毂表面有颗粒状灰尘点如何处理？

_____

四、实训考评

轮毂修复项目工件为北京现代铝合金轮毂，利用刻磨机在轮毂边缘制造一处长 3cm 宽 0.3cm 的破损，利用轮毂修复工艺进行修复，时间 45min。

单位：　　　　　　姓名：　　　　　　准考证号：

序号	考核项目	分值	评价标准	扣分	得分
1	安全防护用品	5分	考核过程中未佩戴口罩（1分）		
			考核过程中未佩戴防护手套（1分）		
			考核过程中未佩戴护目镜（1分）		
			考核过程中未佩戴防护耳塞（1分）		
			考核过程中未穿戴施工围裙（1分）		
2	清洁	4分	每道工序研磨后没有及时用气管吹净打磨区域,用无尘布擦干。（4分，未清理扣1分，扣完为止）		

（续）

序号	考核项目	分值	评价标准	扣分	得分
3	工具使用情况	8分	速成铝胶棒、原子灰、脱脂剂等使用后未及时规整（防止挥发）（4分，一次1分，扣完为止）		
			工具随意摆放（4分，一次1分，扣完为止）		
4	操作流程	48分	轮毂修复操作流程是否标准（2分）		
			根据轮毂的受损情况是否选择正确的修复方法（2分）		
			打磨流程操作完成后是否将轮毂表面清洁干净（2分）		
			修补缺口的胶体是否完全搓揉均匀（2分）		
			打磨腻子表面砂纸规格选择是否正确，是否等待腻子完全干透后进行打磨（5分）		
			轮毂喷涂面漆流程之前是否进行脱脂处理（10分）		
			喷涂之前面漆和镀膜液是否用滤网去除过杂质（10分）		
			喷枪的使用方法是否正确，喷涂面漆和镀膜液喷枪是否每次都提前清洗处理过（15分）		
5	修复效果	30分	修复后缺口位置与周围是否有明显的过渡差（10分）		
			轮毂表面是否出现桔皮纹（10分）		
			修复后轮毂表面是否有缺陷、塌陷、划痕或未修复缺陷（10分，视情况扣分）		
6	整理	5分	喷枪未清洗，刻磨机表面未擦拭干净（2分）		
			操作完成后未把设备工具放回原处（3分，未摆放整齐扣1分，扣完为止）		
	总分				

汽车前照灯翻新修复

项目描述

　　汽车前照灯、尾灯会在日常行车中因诸多因素造成微损伤，如图 5-0-1 所示，紫外线、尘霾虫渍、洗车不慎等都会造成车灯受损，不仅影响美观，还会严重威胁行车安全。

| 紫外线 | 尘霾虫渍 | 洗车不慎 | 酸雨侵蚀 |

图 5-0-1　对汽车前照灯的影响因素

　　汽车前照灯翻新修复可以快速解决车灯罩上的泛黄、模糊、氧化、划痕等问题，提高车灯罩的透明度，延长车灯使用寿命，如图 5-0-2 所示。

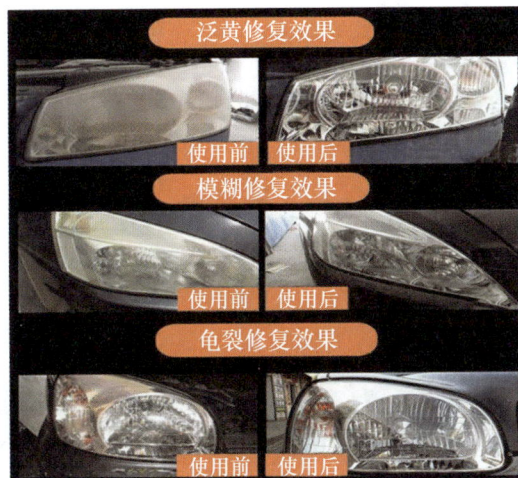

图 5-0-2　汽车前照灯修复效果

学习目标

知识目标

1. 了解汽车前照灯可修复的类型和范围。

2. 了解汽车前照灯的材质。

3. 掌握汽车前照灯翻新修复的方法。

技能目标

1. 熟练掌握前照灯翻新修复的流程。

2. 判断前照灯受损情况，选择合适的修复方法。

3. 掌握雾化镀膜的使用方法和注意事项。

4. 前照灯修复过程中，出现问题的解决方法和注意事项。

5. 掌握喷枪的使用方法和喷涂过程中注意事项。

6. 熟练掌握喷枪的组成部分及部件的使用方法。

7. 紫外线固化灯的使用方法和注意事项。

素养目标

1. 培养一丝不苟、精益求精的工匠精神。

2. 培养爱岗敬业、艰苦奋斗的劳模精神。

任务一　了解汽车前照灯翻新修复基础知识

一、汽车前照灯表面可修复的类型

汽车前照灯长期暴露在室外环境，经受风吹、日晒、雨淋，在使用一段时间后，其表面难免会出现泛黄、模糊、氧化、划痕等，另外，在日常使用过程中也会因碰撞导致表面出现龟裂，这其中有些损伤是不能修复的，只能更换前照灯总成，但有些前照灯是可以修复的，如图 5-1-1 所示。

泛黄　模糊　氧化　划痕

图 5-1-1　前照灯损伤情况

二、汽车前照灯表面可修复的范围

一般情况下，前照灯总成表面材质的厚度为 3~5mm，为了保证修复后的整体质量（硬度、强度等），只在车灯未完全破损但出现龟裂或划痕深度未达到表面厚度的 50% 时，可以进行前照灯总成的修复翻新。

三、汽车前照灯的材质

目前，市场上汽车使用的前照灯基本是高标号的聚碳酸酯注塑加工而成。

1. 聚碳酸酯（PC）材质

前照灯总成常采用的材料为聚甲基丙烯（PMMA）、酸甲酯、聚苯乙烯（PS）、聚碳酸酯（PC）、前照灯一般会采用透明 PC 材料制造前照灯总成。PC 材料耐高温、硬度高、防划伤，具有 80%~90% 的透光率。

2. 聚碳酸酯（PC）材质特征

PC 材料的抗紫外线性能相对其他性能较弱，因此长时间使用后，前照灯总成会出现泛黄、氧化、龟裂等现象。

四、汽车前照灯翻新修复方法

汽车前照灯总成的翻新修复方法一般分为两种，一种是雾化镀膜翻新，另一种是喷涂镀膜翻新，如图 5-1-2 所示。翻新修复前后对比，如图 5-1-3 所示。

a）雾化镀膜翻新   b）喷涂镀膜翻新

图 5-1-2　前照灯翻新修复方法

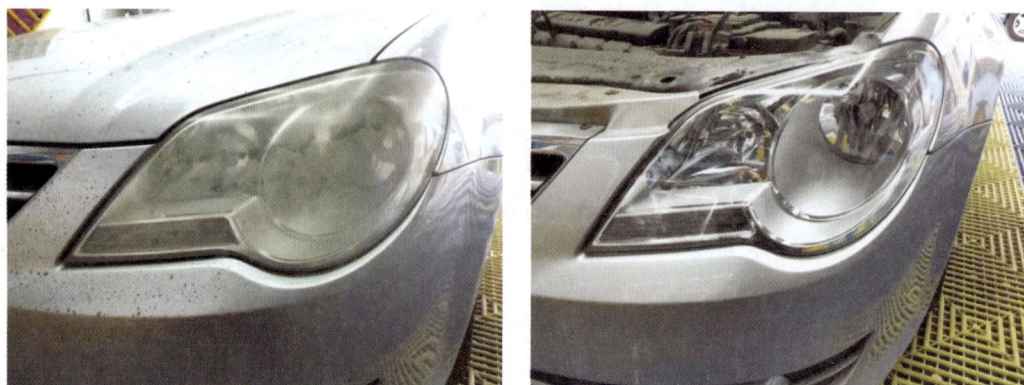

图 5-1-3　修复前后对比

喷涂镀膜修复设备主要有汽车前照灯翻新修复液、紫外线固化灯、喷枪、紫外线护目镜、电动砂纸机、水砂纸。

一、汽车前照灯翻新修复液

汽车前照灯翻新修复液是依靠紫外线照射固化的黏稠液体，如图 5-2-1 所示。将修复液直接喷涂在汽车前照灯表面，经紫外线灯照射 5~7s 即可干燥，干燥后防水，耐酸雨，耐划痕，抗辐射。

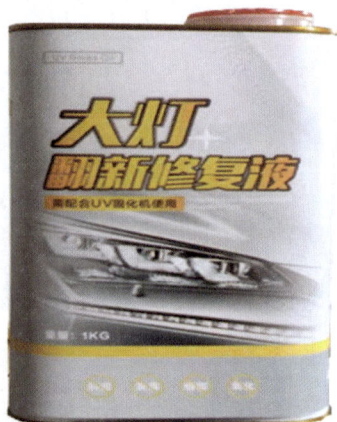

图 5-2-1　汽车前照灯翻新修复液

🔧 **使用方法**　修复液需配合喷枪使用，需要紫外线固化灯固化。

二、紫外线固化灯

紫外线固化灯的特点是固化速度快，可以达到快速固化的效果，如图 5-2-2 所示。

参数要求　紫外线固化灯必须是高压汞灯，1kW 或以上功率。

⚠ **注意** 紫外线对眼睛有一定伤害，在使用紫外线固化灯时要做好防护措施，必须佩戴紫外线护目镜。

三、喷枪

喷枪是喷涂的关键设备，是经过精确设计和制造的专业工具，如图 5-2-3 所示。喷枪的原理与结构在项目四已经介绍，这里主要介绍前照灯修复中喷枪的操作。

图 5-2-2　紫外线固化灯

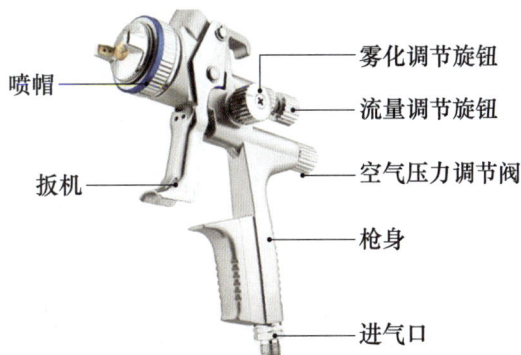

图 5-2-3　喷枪

1. 喷枪的调整

喷涂状态的调整是指对雾束形态的调节。涂料的喷涂应平稳，喷涂出的湿润涂层应没有凹陷或流泪现象。

在一般情况下要想获得合适的雾束形态，必须进行三个方面的基本调节，即喷幅调节、涂料流量调节、喷嘴压力调节。调整完成要进行试喷，以检查雾束形态是否良好。

（1）喷幅调节

喷幅通过喷幅调整旋钮调节，喷幅调整旋钮也叫喷幅控制阀。其位于喷枪枪体上端，有的在流量旋钮正上方，有的位于枪体侧面。它的作用主要是通过改变流出喷枪喷幅孔的空气流量，来调整雾束的形状，同时通过调节喷幅调整旋钮可以调节喷幅的大小，如图 5-2-4 所示。

（2）涂料流量调节

涂料流量通过流量调整旋钮调节，流量调整旋钮通常位于喷嘴针阀后端，其通过调节喷嘴针阀前后位置来控制涂料流量。流量调整旋钮拧得越紧，喷嘴针阀位置越前，涂料流量越小（见图 5-2-5）。

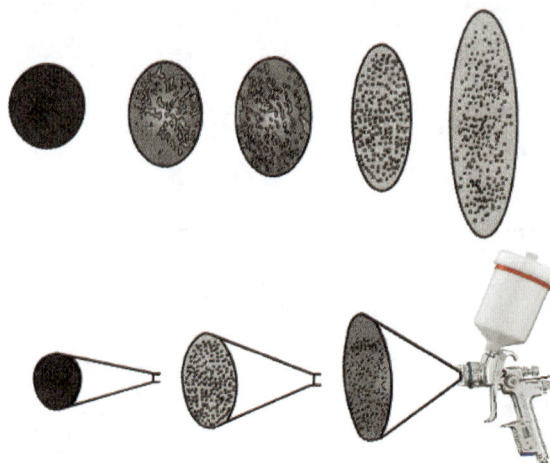

图 5-2-4　喷幅调节

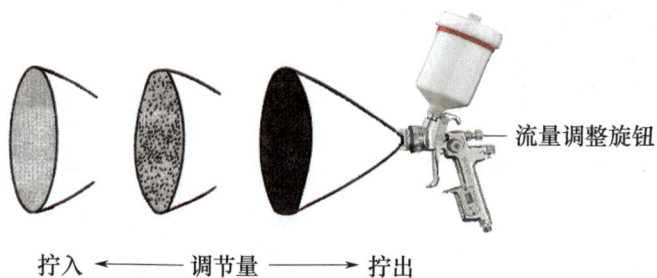

流量调整旋钮

拧入 ◀── 调节量 ──▶ 拧出

图 5-2-5　涂料流量调节

（3）喷嘴气压调节

喷嘴气压通过气压调整旋钮调节，气压调整旋钮也叫空气压力调整阀。一般位于喷枪尾部，也有喷枪将安装气压调整旋钮的位置封死，而在枪尾加装带有气压调节旋钮的气压表，以控制压缩空气进入流量，如图 5-2-6 所示。

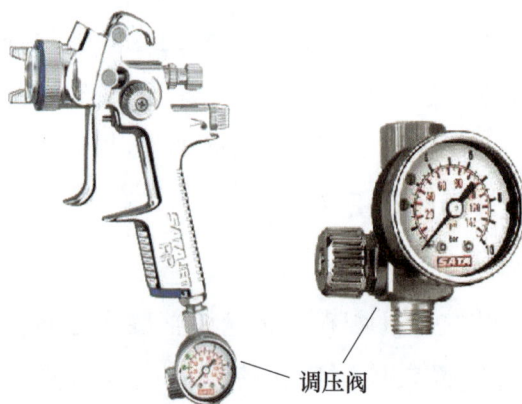

调压阀

图 5-2-6　带有调压阀的气压表

（4）喷涂测试

设定好喷雾喷幅、油漆流量、喷嘴压力后，就可以在遮蔽纸或报纸上进行喷雾形状测试，如图5-2-7所示。

a）合适的喷涂图形　　　b）分离的喷涂图形　　　c）中间过重的喷涂图形

图5-2-7　喷涂测试

2. 喷枪的正确操作

对喷涂工作而言，要想获得良好的效果，正确的喷枪操作是非常重要的。主要有如下要领。

（1）喷枪与工件表面的角度

为了便于操作，操作人员应以一字步或丁字步站立，不论是横形的雾束还是纵形的雾束，喷枪在上下或左右移动时，均要保持雾束与工作表面垂直，并以与表面相同的距离和稳定一致的速度移动，否则漆膜会不均匀，如图5-2-8所示。

a）正确

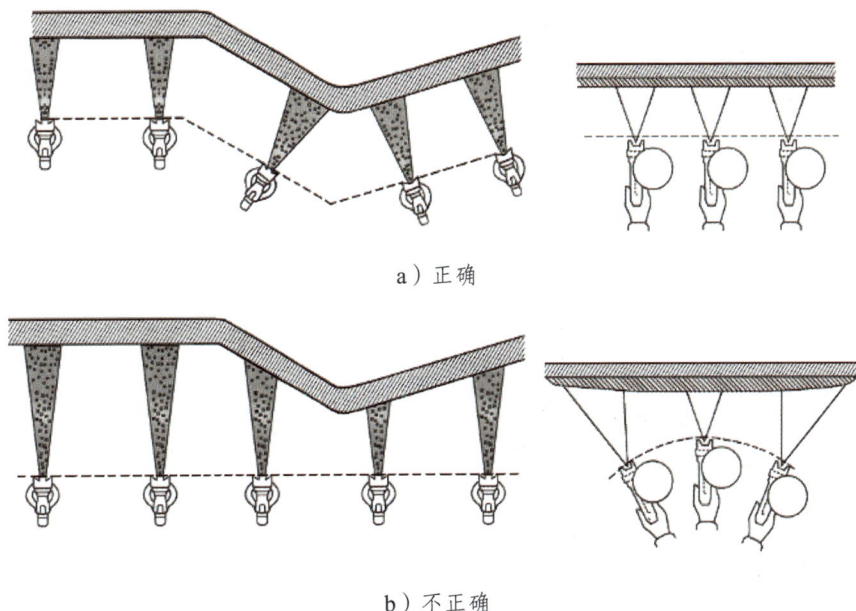

b）不正确

图5-2-8　喷枪与工件表面的角度

（2）喷枪与工件表面之间的距离

喷枪与工件表面保持适当的距离非常重要，一般情况下距离 20cm 左右（可按涂料供应商提供的工艺条件操作），如果喷涂距离过短，喷涂气流的速度就较高，会使涂层出现波纹；如果距离过长，就会有过多的溶剂挥发，导致涂层出现桔皮或发干，并影响颜色的效果，如图 5-2-9 所示。

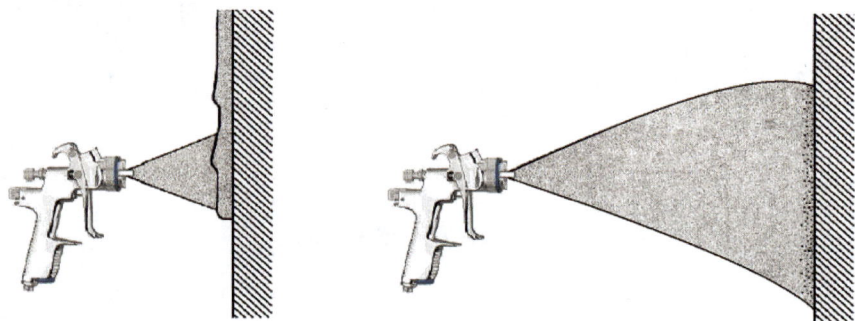

a）距离过短，会出现涂料堆积　　　　b）距离过长，喷雾落到喷涂表面时已经无力

图 5-2-9　喷枪嘴与被喷件之间的距离

四、紫外线护目镜

紫外线护目镜能有效地阻挡紫外线（紫外线固化灯）对眼睛的伤害，如图 5-2-10 所示。

五、干磨砂纸

干磨砂纸主要用来去除前照灯表面的缺陷、划痕、氧化层和镀膜层等，如图 5-2-11 所示。

图 5-2-10　紫外线护目镜　　　　**图 5-2-11　干磨砂纸**

六、气动砂纸机

气动砂纸机可以有效地提高工作效率，省时省力，如图 5-2-12 所示。

🔧 **使用方法** 将水砂纸安装在砂纸夹上使用。

图 5-2-12 气动砂纸机

任务三 汽车前照灯翻新修复实训操作

实训准备

1. 实训人员必须穿戴相应的防护用品（工作服、口罩、防护手套、护目镜、围裙）。

2. 应彻底打磨车灯表面原有镀膜层，未完全打磨的车灯表面无法镀膜。

3. 操作时镀膜杯倾斜角度勿超过 55°，防止雾滴滴落灯面。

4. 未放镀膜液时或者蒸发杯内镀膜液用完时，必须断开电源。

5. 前照灯喷涂必须在无尘、排气通风好的地方进行施工。

6. UV 前照灯修复液必须密封好，避光且阴凉处保存。

7. 禁止阴雨天施工，或者刚施工后开车驶入大雨中。

实训时间

40min

一、雾化翻新修复

1. 操作准备

实训人员必须穿戴好防护用品（口罩、护目镜、防护手套、围裙），将实训工具设备和用品准备并整理妥当，实训场地确保通风良好。

2. 检查前照灯

查看前照灯受损程度，检查前照灯表面是否完好，有无破损，如图 5-3-1 所示。

3. 拆卸前照灯

去取出前照灯灯泡，并检查灯爪是否完好无损坏，如图 5-3-2 所示。

图 5-3-1　检查前照灯

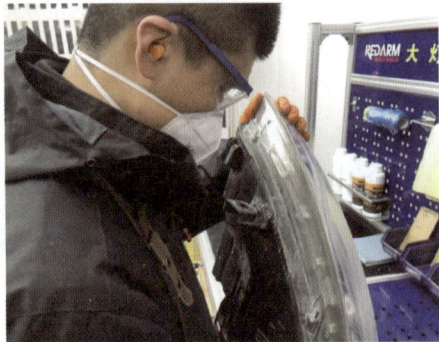

图 5-3-2　拆卸前照灯

4. 脱脂除蜡

用无尘布粘少量脱脂剂除去前照灯表面及周围的油渍、汗渍及蜡等，如图 5-3-3 所示。

⚠ **注意**　如果脱脂、除蜡不彻底，在打磨的时候杂质会粘在砂纸表面，影响切削力，不利于打磨操作，施工后会在表面上出现小油眼（类似于米粒状的小坑），严重时会导致返工。

5. 打磨

根据划痕的深浅、氧化的程度选择不同型号的砂纸。

水砂纸操作时必须注意打磨的顺序，需先用粗的砂纸打磨掉氧化层或划痕，再用细的砂纸打磨表面直至光滑。

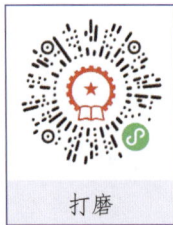

打磨

1）划痕比较深的情况下，先选用 240 目的水砂纸安装在打磨机上在划痕处进行打磨，打磨至看不出划痕为止，前照灯表面应呈磨砂面，如图 5-3-4 所示。

如果第一道工序选用的 240 目水砂纸无法打磨掉划痕，则应选择比 240 目水砂纸更粗的 180 目水砂纸进行打磨，以此类推，直到选择合适的水砂纸型号将划痕打磨掉。以此类推，按 240 目、400 目、600 目由粗到细的顺序进行打磨，每换一种型号的砂纸需慢慢扩大打磨范围，以确保打磨后的划伤处与周围的顺坡（斜茬）摸起来感觉平顺，没有接茬即可。

图 5-3-3 脱脂除蜡

图 5-3-4 打磨

⚠ **注意** 每一次打磨后都需要用除尘布擦拭前照灯表面（或者用风枪彻底吹干前照灯表面），仔细观察前照灯表面打磨情况，必须打磨到看不清任何划痕及之前砂纸打磨的痕迹，再更换更细的砂纸。举例：使用 400 目砂纸进行打磨，此操作主要是把之前 240 目砂纸的痕迹打磨掉。

2）选用 800~1500 目砂纸按由粗到细的顺序进行全灯打磨，如图 5-3-5 所示。

⚠ **注意** 不能使用 2000 目砂纸打磨，因为打磨的太光滑不利于修复液附着。

3）划痕比较浅或者氧化程度比较轻的情况，初次打磨可以使用 400 目砂纸，后续操作方法同上。

图 5-3-5 800~1500 目砂纸

⚠ **注意** 使用砂纸打磨前照灯，打磨过程中要用清水把打磨出来的碎屑冲掉，避免碎屑磨损前照灯。

6. 清洁前照灯表面

把前照灯上的水渍擦干，使用风枪吹干水分，如图 5-3-6 所示。

⚠ **注意** 此操作目的是检查前照灯表面是否打磨一致，不能有明显的粗细不一的划痕。

7. 雾化镀膜

1）蒸发杯内倒入 80~100mL（约为 1/3）修复液，修复液不能少于 80mL，如

图 5-3-7 所示。

图 5-3-6 清洁前照灯表面

图 5-3-7 倒入修复液

⚠ **注意** 倒入足量的修复液的目的是防止蒸发杯干烧，剩余的修复液等待它自然冷却后，再倒回镀膜瓶内以供下次使用。

2）盖好蒸汽管，插上电源开始加热，约 5min 会有蒸气冒出，可以使用深色纸片辅助观察管口是否有蒸气冒出，如有即可开始镀膜，如图 5-3-8 所示。

3）将蒸发杯移动至距离前照灯 1cm 左右位置，从右下方边边缘位置开始镀膜，如图 5-3-9 所示。

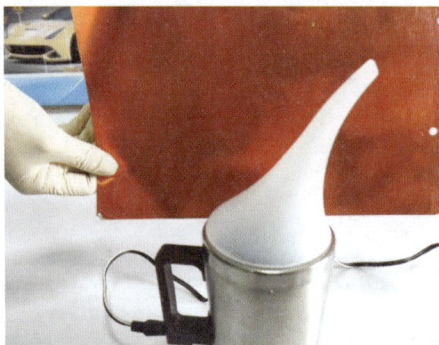

图 5-3-8 加热

图 5-3-9 开始镀膜

⚠ **注意** 镀膜之前首先把气管扳直，使管口向上，防止热雾气碰到冷管壁形成水珠，滴落到前照灯上。

4）蒸发杯喷到的地方要求"通透晶亮"即可，无须多次覆盖，镀膜像喷漆一样讲究薄厚均匀。镀膜结束后 10min 左右即可彻底晾干，此时不可使用硬物碰撞，如图 5-3-10 所示。

8. 整理工具

镀膜完成后将前照灯安装至汽车上，整理实训工具，等待蒸发杯内的镀膜液冷却以后倒回镀膜瓶内，将蒸发杯内外用无尘布擦拭干净，如图 5-3-11 所示。

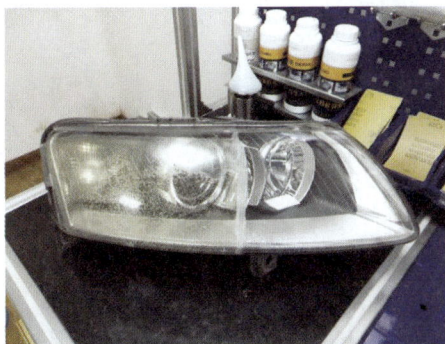

图 5-3-10　镀膜结束　　　　　图 5-3-11　整理工具

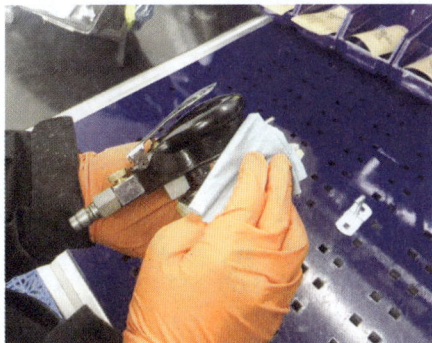

⚠ **注意**　实训结束后需将实训场地清理干净，关闭电源开关，将插排归位，养成良好的工作习惯。

9. 前照灯翻新修复注意事项与常见问题

1）在镀膜过程中，出气口不要向下，以免液体滴到灯面上，如果不慎滴落，应先修复其他部位，回收完镀膜液，等待 10min 后，在滴落部位再次进行打磨、清洁，以及重新镀膜。

2）镀膜之后，如果发现部分区域无变化，可能是因为打磨不均匀。无法镀膜是因为打磨得不彻底，可以选择局部打磨。如果灯面有多处问题只能重新进行打磨操作。

3）打磨时间的长短没有明确的规定，打磨时间根据实际操作效果判断，主要是将前照灯表面的缺陷和氧化层完全清除。

4）镀膜时间应选择在中午之前，操作结束后需要给予前照灯总成一定的固化时间。下午或者晚上施工，因距离前照灯使用时间太短，前照灯总成表面无法彻底固化，表面硬度不一，影响修复效果。

5）如果镀膜液不慎溅入眼睛，立刻用大量清水冲洗后就医。如不慎大量吸入蒸气，应迅速移动至通风开阔处，并保持呼吸道通畅。

二、喷涂翻新修复

1. 操作准备

实训人员必须穿戴好防护用品（紫外线护目镜、防护手套、围裙、工作服、口罩）整理准备实训工具设备和用品，实训场地确保通风良好。

2. 检查前照灯

查看前照灯总成受损程度，检查前照灯表面是否完好，有无破损，如图 5-3-12 所示。

3. 拆卸前照灯

取出前照灯灯泡，检查灯爪是否完好无损坏，如图 5-3-13 所示。

图 5-3-12　检查前照灯

图 5-3-13　拆卸前照灯

4. 脱脂除蜡

用无尘布粘少量脱脂剂除去前照灯表面及周围的油渍、汗渍及蜡等，如图 5-3-14 所示。

5. 打磨

根据划痕的深浅、氧化的程度选择不同型号的砂纸。

水砂纸注意打磨的顺序，要先用粗的砂纸打磨掉氧化层或划痕，再用细的砂纸打磨表面直至光滑。

1）划痕比较深的情况，先选用 240 目水砂纸安装在打磨机上在划痕处进行打磨，打磨至看不出划痕为止，前照灯表面呈磨砂面，如图 5-3-15 所示。

图 5-3-14　脱脂除蜡

图 5-3-15　打磨

如果第一道工序选用的 240 目水砂纸无法打磨掉划痕，则应选择比 240 目水砂纸更粗的 180 目水砂纸进行打磨，以此类推，直到选择合适的水砂纸型号将划痕打磨掉。以此类推，按 240 目、400 目、600 目由粗到细的顺序进行打磨，每换一种型号的砂纸需慢慢扩大打磨范围，以确保打磨后的划伤处与周围的顺坡（斜茬）拱起来感觉平顺，没有接茬即可。

⚠️ **注意**　每一次打磨后都需要用除尘布擦拭前照灯表面（或者用风枪彻底吹干前照灯表面），仔细观察前照灯表面打磨情况，必须打磨到看不清任何划痕及之前砂纸打磨的痕迹后，再更换更细的砂纸。比如，使用 400 目砂纸进行打磨，这一步主要是把上一步 240 目砂纸的痕迹打磨掉。

2）之后选用 800~1500 目砂纸按由粗到细的顺序进行全灯打磨。

⚠️ **注意**　不能使用 2000 目砂纸打磨，因为打磨的太光滑不利于修复液附着。

3）划痕比较浅或者氧化程度比较轻的情况，初次打磨可以使用 400 目砂纸，后续操作方法同上。

⚠️ **注意**　使用砂纸打磨前照灯，打磨过程中要用清水把打磨出来的碎屑冲掉，避免碎屑磨损前照灯。

6. 清洁前照灯表面

把前照灯上的水渍擦干，并用风枪吹干水分，如图 5-3-6 所示。

⚠️ **注意**　目的是检查前照灯表面是否打磨一致，不能有明显的粗细划痕。

7. 喷涂镀膜

准备工作：取出喷枪，加注少许修复液并使用喷枪，避免洗喷枪时残留的水、稀释剂等影响喷涂镀膜的效果。

（1）前照灯应放置在 1m 以上的支架上进行喷涂，避免喷涂好的前照灯表面会有灰尘；

（2）把修复液倒入专用喷枪中，如图 5-3-16 所示；

（3）调整喷枪呈雾化状喷出修复液，如图 5-3-17 所示，在前照灯表面均匀地喷涂两遍，至完全覆盖即可；

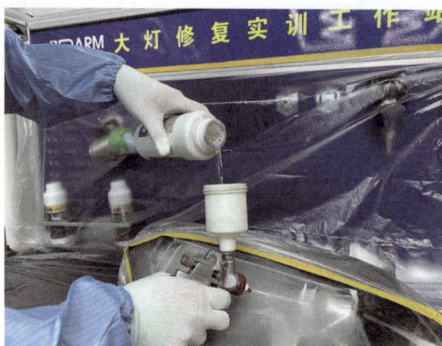

图 5-3-16　喷涂准备

图 5-3-17　前照灯喷涂

喷涂两遍后，前照灯镀膜厚度可达到 30~50μm。第一道虚喷（指喷涂时，控制出漆量较少，走枪速度较快），静置流平 3~5min 后固化，第二道实喷（指喷涂时，控制出漆量较多，走枪速度较慢），静置流平 5~7min 后固化。

⚠ **注意**　喷枪与前照灯的间距保持在 20~25cm。

8. 固化

紫外线固化灯距离工件 20cm 左右，打开电源开关，固化 7~10s 即可，如图 5-3-18 所示。

固化

9. 检查安装前照灯

用干净毛巾擦拭前照灯，检查前照灯是否"通透晶亮"，是否有桔皮纹、颗粒、流挂。经检查无任何问题后安装前照灯，如图 5-3-19 所示。

图 5-3-18　紫外线灯固化

图 5-3-19　检查安装前照灯

10. 整理工具

将多余的修复液回收至瓶中，密封好。将喷枪及喷壶内侧擦拭干净，以便下次使用，整理实训设备，如图 5-3-20 所示。

图 5-3-20　整理工具

⚠️ 注意　实训结束后将实训场地清理干净，关闭电源开关，将电源插排归位。培养良好的工作习惯。

11. 喷涂镀膜注意事项

（1）修复液不可与其他溶剂配套使用，喷枪内残余的溶剂、剩料必须清理干净。

（2）紫外线固化灯固化修复液时距离不能太近，保持在 20cm 左右，固化时间不可太长，时长在 7~10s 较为合适，切勿超过 12s，固化时避免漆膜温度过高，否则会烧坏漆膜。

（3）未用完的修复液必须盖紧，避免紫外线固化灯或阳光照射。

（4）避免阴雨天或湿度达到 80% 以上时喷涂施工，以免引起涂层失光、发白。

（5）喷涂过程中，因灰尘或者操作不当，会造成前照灯表面有麻点、流挂或气孔等，可使用 2000 目水砂纸加水打磨至表面光滑平整后重新喷漆。

（6）喷涂过程中，喷涂第一遍后，一定要在紫外线固化灯下固化干透后再喷涂第二遍，否则容易产生气泡。

⚠️ 注意　喷涂修复液并不是喷涂的次数越多越好。

复习题与实训考评

一、填空题

1. 汽车前照灯长期暴露在室外环境，经受风吹、日晒、雨淋，在使用一段时间后，其表面难免会出现_____、_____、_____、_____等。

2. 一般情况下，前照灯总成表面材质的厚度为_____。

3. 在车灯未完全破损但出现龟裂或划痕深度未达到表面厚度的_____时，可以进行前照灯总成的修复翻新。

4. 前照灯一般会采用透明_____制造总成，该材料耐高温、硬度高、防划伤，具有_____的透光率。

5. 汽车前照灯总成的翻新修复方法一般分为两种，一种是_____，另一种是_____。

6. 汽车前照灯_____是依靠紫外线照射固化的黏稠液体。

7. 紫外线固化灯释放的紫外线对眼睛有一定伤害，在使用时要做好防护措施，必须佩戴_____。

8. 调节_____可以控制喷幅与水平线的夹角（0~180°）。

9. PC材料长时间使用后，前照灯总成会出现_____、_____、龟裂等现象。

10. 雾化调节旋钮是用来调节_____的，阀门调松使_____，调紧使_____。

11. 汽车前照灯翻新修复可以快速解决车灯罩上的_____、_____、_____、_____等问题，提高车灯罩的透明度，延长车灯使用寿命。

12. 喷涂后前照灯镀膜厚度可达到_____。第一道虚喷，静置流平_____后固化，第二道实喷，静置流平_____后固化。喷枪与前照灯的间距保持在_____左右。

13. 用干净毛巾擦拭前照灯，检查前照灯是否通透晶亮，是否有_____、_____、_____。

14. 修复液不可与其他溶剂配套使用，喷枪内残余的溶剂、剩料_____。

15. 喷涂过程中，因灰尘或者操作不当，会造成前照灯表面有麻点或者_____、_____等，可使用_____加水打磨至表面光滑平整后重新喷漆。

16. 前照灯应放置在_____以上的支架上进行喷涂，避免喷涂好的前照灯表面会有灰尘。

17. 避免阴雨天或湿度达到_____以上时喷涂施工，以免引起涂层失光、发白。

二、判断题

1. 干磨砂纸主要用来除去前照灯表面的缺陷、划痕、氧化层等。　　（　　）

2. 紫外线护目镜能有效地阻挡紫外线（紫外线固化灯）对眼睛的伤害。（　　）

3. 用来调节修复液雾化程度，阀门调松时喷幅较小。　　　　　（　　）

4. 操作时镀膜杯倾斜角度勿超过 55°，防止雾滴滴落灯面。　　（　　）

5. 阴雨天可以施工，或者施工后不久开车冲进大雨中。　　　　（　　）

6. 汽车前照灯翻新修复可以快速去除车灯上的泛黄、模糊、氧化、
　　划痕，提高车灯亮度，延长车灯使用寿命。　　　　　　　（　　）

7. PC 材料在抗紫外线的性能上和其他性能相比相对较强，所以可以
　　长时间使用。　　　　　　　　　　　　　　　　　　　　（　　）

8. 修复液需配合喷枪使用，需要紫外线固化灯固化。　　　　　（　　）

9. 喷枪与前照灯应保持适当的距离，建议保持 25~30cm 的距离。　（　　）

10. 使用砂纸打磨前照灯，打磨过程中要用清水把打磨出来的碎屑冲
　　　掉，避免碎屑继续磨损前照灯。　　　　　　　　　　　　（　　）

11. 如果脱脂、除蜡不彻底，在打磨的时候杂质会粘在砂纸表面，影
　　　响切削力，不利于打磨操作。　　　　　　　　　　　　　（　　）

12. 水砂纸操作时必须注意打磨的顺序，需先用粗的砂纸打磨掉氧化
　　　层或划痕，再用细的砂纸打磨表面直至光滑。　　　　　　（　　）

13. 每次打磨都需要用除尘布擦拭前照灯表面，仔细观察前照灯表面
　　　打磨情况。　　　　　　　　　　　　　　　　　　　　　（　　）

14. 氧化层打磨过程中不能使用 1200 目砂纸打磨，因为打磨的太光
　　　滑不利于修复液附着。　　　　　　　　　　　　　　　　（　　）

15. 镀膜之前要把气管扳直，管口向下，以便后续操作。　　　　（　　）

16. 如果修复液不慎溅入眼睛，立刻用大量清水冲洗即可。　　　（　　）

三、解析题

1. 镀膜之后，如果发现有部分区域无变化，可能原因是？

_____

_____

_____

2.喷涂镀膜有哪些注意事项？

_____

_____

_____

四、实训考评

在汽车前照灯表面制造 5 处深浅不一的划伤并将前照灯一分为二，分别使用干磨及水磨工艺进行打磨，利用前照灯雾化工艺及喷涂工艺进行修复，时间为 50min。

单位：　　　　　　　　　姓名：　　　　　　　　　准考证号：

序号	考核项目	分值	评价标准	扣分	得分
1	安全防护用品	5分	考核过程中未佩戴口罩（1分）		
			考核过程中未佩戴防护手套（1）		
			考核过程中未佩戴护目镜（1分）		
			考核过程中未佩戴施工围裙（1分）		
			考核过程中使用紫外线固化灯未更换紫外线护目镜（1分）		
2	清洁	5分	前照灯施工前没有进行清洁及脱脂（1分）		
			喷枪使用前没有进行清洗（1分）		
			每道工序研磨后没有及时用气管吹干水分，用无尘布擦干。（3分，未清理扣1分，扣完为止）		
3	工具使用情况	5分	工具随意摆放（3分，一次1分，扣完为止）		
			使用过的工具没有及时切断电源（2分）		
4	操作流程	60分	雾化镀膜的镀膜时间是否标准（5分）		
			蒸发杯内是否加入足量的修复液（5分）		
			使用紫外线固化灯，摆放距离和固化时间是否标准（5分）		
			修复流程是否按照规定操作（10分）		
			修复过程中出现的问题是否能及时处理（5分）		
			喷枪的使用方法是否按照流程操作（10分）		
			研磨过程中，砂纸规格选择上是否由粗到细，是否有漏选（10分）		
			砂纸研磨过程中是否每一次都把上一道工序留下的研磨痕迹覆盖住（5分）		
			雾化镀膜的操作顺序是否正确（5分）		

（续）

序号	考核项目	分值	评价标准	扣分	得分
5	修复效果	20分	前照灯修复后表面是否"通透晶亮"，是否有未修复的地方（10分）		
			是否有流挂、桔皮纹、失光（5分）		
			砂纸纹路是否清晰可见（5分）		
6	整理	5分	修复液没有彻底冷却，将其倒入收集瓶内（1分）		
			喷枪、喷壶没有清洗干净（1分）		
			操作完成后未把设备、工具放回原处（3分，未摆放整齐扣1分，扣完为止）		
	总分				

汽车塑料件修复

项目描述

塑料因性能优越被广泛应用于汽车领域，用量从 20 世纪 70 年代的约 50kg/辆迅速上升至目前约 150kg/辆，并且仍在持续增长中。

汽车日常行驶中，往往最容易受损的就是汽车塑料保险杠，而且为了顺应当代汽车轻量化绿色发展潮流，大部分汽车前后保险杠的外板材质都是塑料制品。通常情况下轻微变形或者裂缝，都可以通过塑料件修复技术将其修复。

汽车塑料件可修复范围：汽车前后塑料保险杠，汽车塑料底槛，前照灯灯爪，反光镜灯壳，内饰卡扣底座。

学习目标

知识目标

1. 了解汽车塑料件的特性、种类、维修方式及识别方法。
2. 掌握汽车塑料件维修方法及修复原理。
3. 掌握设备、工具的作用和使用方法。
4. 掌握塑料件修复的流程。

技能目标

1. 掌握塑料焊枪、塑料焊机的使用方法。
2. 掌握止裂孔的原理与操作方法。
3. 掌握塑料保险杠破损处焊接修复工艺流程。
4. 掌握塑料保险杠使用双组分胶、纤维网格片的修复方法。

素养目标

1. 树立环保意识和可持续发展观，坚定不移支持绿色维修。
2. 树立节约意识，增加材料的有效利用。

任务一　了解汽车塑料件修复基础知识

目前，由于环保和节能的需要，汽车轻量化已成为世界汽车发展的趋势。汽车的轻量化大致可以分为三类：车身轻量化、发动机轻量化、底盘轻量化。其目的都是在保证性能的前提下通过选用更轻的材料降低车身质量，从而实现节能环保功能。应用于车身轻量化的材料除了高强度钢及各种合金材料外，被广泛应用的还有塑料。

汽车塑料件损坏后，在汽车修理厂一般有两种修理方案：一种是更换塑料件，另一种是原件修复。前一种方案主要工作是拆装，对维修技师技术水平的要求不高，经济效益较好，因而部分汽车修理厂较倾向于换件；另一种方案较前者相比略微麻烦，对技师技术水平的要求很高，但经济效益却不高，因此许多汽车修理厂不太愿意承接汽车塑料件的修复工作。当下，从绿色环保角度出发，建议对能够修复的汽车塑料件应以原件修复为主。

一、塑料的特点

塑料一般可分为热固性与热塑性两类，前者无法重新塑造使用，后者可以重复再生产。热塑性塑料的延伸率较高，一般在 50%~500%。在不同延伸率下，力不完全成线性变化。塑料件耐化学侵蚀，具光泽，部分透明或半透明，大部分为良好的绝缘体，质量轻且坚固，加工容易可大量生产，成本低，效用高，容易着色，部分耐高温。

优点

1. 大部分塑料的抗腐蚀能力强，不与酸、碱反应。
2. 塑料制造成本低。
3. 耐用、防水、质轻。
4. 容易被塑制成不同形状。
5. 是良好的绝缘体。
6. 塑料可以用于制备燃料油和燃料气，这样可以降低原油消耗。

缺点

1. 回收利用废弃塑料时，分类十分困难。

2. 塑料容易燃烧，燃烧时会产生有毒气体。

3. 塑料是由石油炼制的产品制成的，多数属于不可再生资源。

4. 塑料埋在地下几百年才可以降解。

5. 塑料的耐热性能较差，易老化。

二、塑料的种类及维修方式

汽车上使用的塑料件可以分为热塑性和热固性两种类型。

热塑性塑料好比"蜡烛"，能反复通过加热熔化再冷却成型，在整个过程中化学成分不会发生改变。热塑性塑料件的损坏可以用塑料焊机进行焊接维修，也可以进行黏结维修。

热固性塑料好比"鸡蛋"，在最初加热和使用催化剂或紫外线光照射的条件下会发生化学变化，冷却后固化，再次加热或使用催化剂时不能二次塑形。热固性塑料件的损坏不能用焊接方式维修，一般采用黏结的方式来进行维修。

三、塑料件的识别

不同的塑料件有不同的维修方法，因此对塑料件进行维修前，首先要清楚分辨其类型。目前，识别塑料件的塑料种类主要是依靠编号识别（图6-1-1）或查阅维修手册。

图6-1-1 塑料件的编号识别

编号识别法：识别塑料件背面的国际标准（ISO）符号或代码。世界上许多生产商将塑料零件的国际标准符号、代码或缩略语，印制在零部件背面的一个椭圆标记内。因此，只要拆下修理的塑料件，从背面的标记内识别其符号或代码，就能确定这个塑料件的材料类型。

查阅手册识别法：未标注国际标准符号或代码的塑料件，可查阅该车型的车身维修手册予以识别。

四、汽车塑料件维修方法及修复原理

1. 塑料件热塑成型修复

大多数的汽车车身塑料件都具有良好的塑性，当受到程度较轻的冲击、挤压时，通常只会发生变形不会破裂，对变形的热塑性塑料，可采用热塑成型的方法恢复其形状。

对热塑性塑料件进行热塑矫正时，先将变形的塑料件在 50℃左右的环境中加热一定时间，当塑料件软化后用手将变形处恢复原状。对局部小范围变形，可用热风枪对变形部位进行加热矫正。

如果变形较严重，可使用红外线烘烤灯加热变形部位。红外线灯加热效率高、升温快，当塑料件稍有变软时，立即对变形部位进行按压矫正。如果变形面积较大，为了获得良好的外观，可以借助辅助工具，如光滑的木板等。使用红外线烘烤灯时要注意控制塑料件的受热温度，一般应以 50~60℃最好，最高温度不能超过 70℃，以免产生永久性变形。完成矫正后，应在原处慢慢冷却至常温状态。不要强制冷却或过早移动，以免构件发生整体变形。

2. 塑料件焊接修复

一般的焊接修复方式有塑料焊枪焊接修复（热空气塑料焊接修复）和塑料焊机焊接修复。

热空气塑料焊接修复原理是由空气压缩机提供气源，采用电热元件加热空气（230~340℃），将加热后的热空气通过焊嘴喷到塑料上。大多数热空气塑料焊机使用的焊嘴工作压力为 21kPa。

热空气塑料焊机的焊炬要和焊条一起使用，焊条的直径通常为 5mm。焊接时塑料焊条必须和所要焊的塑料材质相同，这样才能保证焊接后的塑料件具有适当的强度、硬度和弹性。如图 6-1-2 所示。

塑料焊机修复是通过设备通电加热，使钨钢焊钉迅速升温，当焊钉加热至发红后快速植入塑料裂缝中，待焊钉冷却后即与塑料融为一体，完成修复，如图 6-1-3 所示。

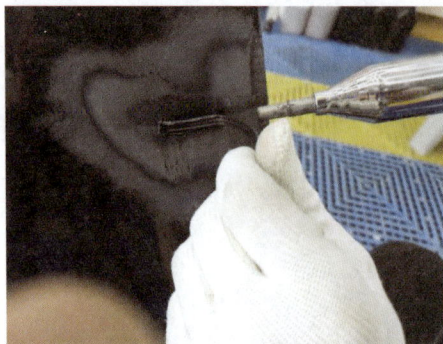

图 6-1-2　塑料焊枪修复

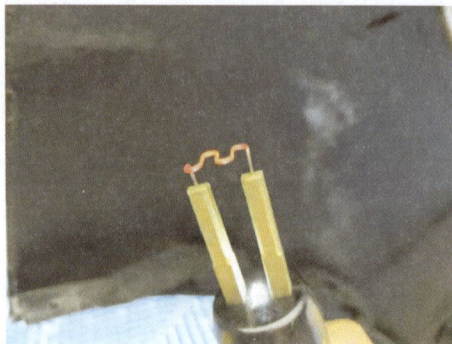

图 6-1-3　塑料焊机修复

3. 双组分胶黏结法

双组分黏合剂由基底树脂和硬化剂（催化剂）组成，树脂装在一个容器中，硬化剂装在另一个容器中。混合后，混合剂可以在零件上固化并与基底材料黏结。在许多塑料件的维修过程中，双组分黏合剂可以代替焊接修复。

任务二　设备工具的认知

一、热风枪

热风枪是将电能转化成热能，通过调节温度开关来控制温度，用来修复汽车保险杠轻微变形的一种设备，如图 6-2-1 所示。

二、刻磨机

气动刻磨机是将气能转化成动能，通过调节转速开关来控制转速，用来去除塑料保险杠表面油漆涂层和塑料保险杠破损处毛刺边缘的一种设备，如图 6-2-2 所示。

图 6-2-1　热风枪

图 6-2-2　气动刻磨机

三、电烙铁

电烙铁用来将破损塑料保险杠内部的裂缝烫化，起到固定破损处的作用，如图 6-2-3 所示。

⚠ **注意**　1）不可直接用手触摸电烙铁前端，以免烫伤。

2）不可直接将烤枪对准人和可燃物品。

3）使用完毕后，需自然冷却后保管放置。

四、塑料热风焊枪

主要用来通过加热塑料焊条，使塑料焊条达到融化和黏结的作用。

塑料焊枪实际使用中类似于热风枪，二者的主要区别在于，焊枪的出风口比烤枪小得多，焊枪口喷出的热量更集中，风速更高，如图 6-2-4 所示。

⚠ **注意**　1）不可直接用手触摸焊枪前端（烤嘴），以免烫伤。

2）不可直接将热风焊枪对准人或可燃物。

3）使用完毕后，需自然冷却后保管放置。

图 6-2-3　电烙铁

图 6-2-4　塑料热风焊枪

五、塑料焊条

PP 焊条是采用聚丙烯为原材料，经过高温熔化、挤压而制成的条状物，如图 6-2-5 所示。其特点是融化快、黏结性强、耐酸碱、耐腐蚀、无毒。

⚠ **注意**　如表 6-2-1 所示，塑料焊条根据材质分为 PP、PE、

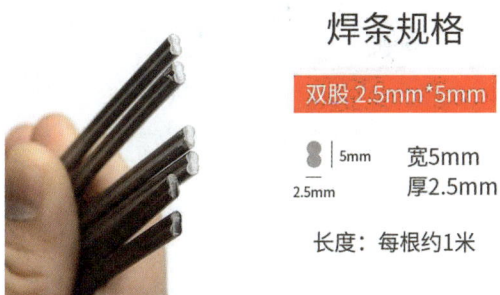

焊条规格

双股 2.5mm*5mm

5mm　宽5mm
2.5mm　厚2.5mm

长度：每根约1米

图 6-2-5　塑料焊条

ABS、PVC、PPR 焊条，由于汽车塑料件多数采用的材质为 PP 材质，根据相应的材质选择焊条为 PP 焊条，以达到最佳修复效果。

表 6-2-1   塑料焊条的分类

焊条种类	PP（白色 / 黑色）	PE（白色）	ABS（米黄色）	PVC（灰色）	PPR（白色）
化学名称	聚丙烯	聚乙烯	丙烯腈、丁二烯、苯乙烯共聚物	聚氯乙烯	无规共聚聚丙烯
适用范围	汽车塑料保险杠 汽车前照灯后塑料壳 汽车前后挡板 电动自行车蓄电池外壳 摩托车内板 PP 塑料管道 洗衣机内筒	化工桶 大型垃圾桶 PE 塑料管道 啤酒箱 物流周转箱 餐饮周转箱 叉车托盘	汽车内饰板 汽车中控台 电冰箱外壳 洗衣机外壳 汽车中控台 摩托车外壳 电脑外壳	PVC 塑料水槽 PVC 管道 PVC 线槽 PVC 塑钢门窗	住宅管道 工业管道 医学管道

六、塑料焊机

塑料焊机是一款手持式塑料修复机，无噪声、无污染，如图 6-2-6 所示。针对不同角度不同形状的破损，可以通过改变焊钉形状和焊枪头植钉方位的方法进行修复。

七、气动打磨机

气动打磨机主要用来去除塑料件表面油漆和涂层，针对焊接后留下来的缺陷进行打磨，如图 6-2-7 所示。

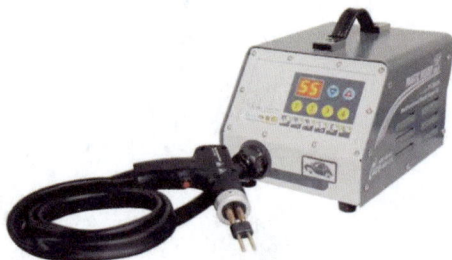

图 6-2-6   塑料焊机

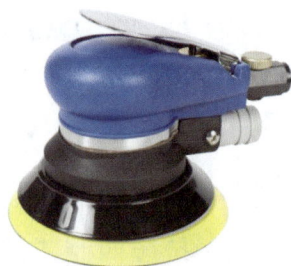

图 6-2-7   气动打磨机

八、焊钉

焊钉规格为 0.6mm、0.8mm 材质为钨钢，其特点是强度高、耐腐蚀。焊钉规格和用途，如图 6-2-8 所示。

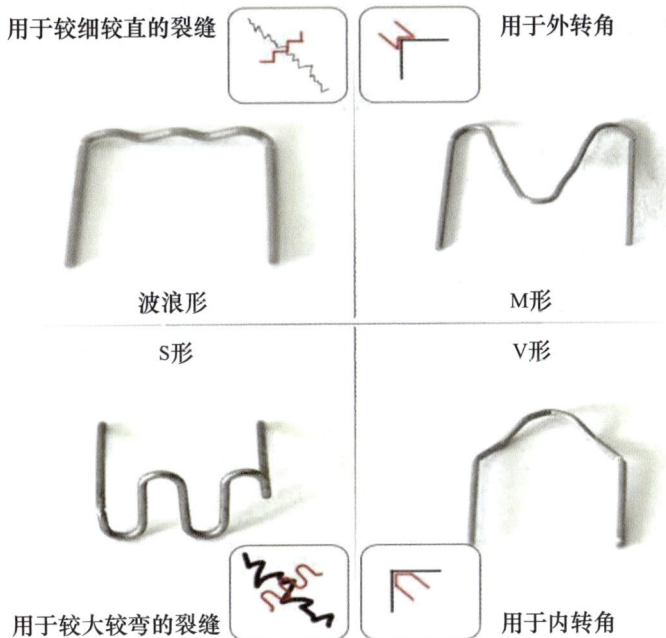

用于较细较直的裂缝　用于外转角

波浪形　M形

S形　V形

用于较大较弯的裂缝　用于内转角

图 6-2-8　焊钉

九、双组分胶

双组分胶（见图 6-2-9）有两支胶管，一支装有胶水，另一支是促进剂或是固化剂（用于增加胶水黏性或是缩短胶水固化时间）。当塑料件发生穿孔、划痕、裂纹等破损，可以使用双组分胶进行粘接修复。

十、纤维网格片

纤维网格片（见图 6-2-10）主要用来加固破损区域。配合双组分胶使用，可以增加修复位置的强度和韧性。

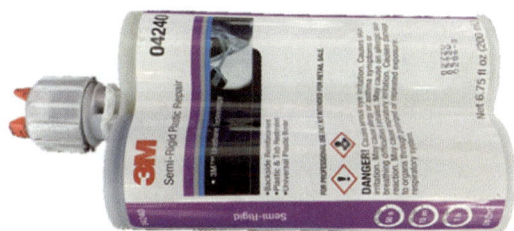

图 6-2-9　双组分胶

图 6-2-10　纤维网格片

十一、双组分胶枪

双组分胶枪（见图6-2-11）采用推杆驱动，操作简单，主要用来解决双组分胶粘产品混合不均匀的问题。

图6-2-11　双组分胶枪

任务三　汽车塑料件修复实训操作

实训准备

1. 实训人员必须穿戴相应的防护用品（工作服、口罩、防护手套、护目镜、围裙）。

2. 实训人员必须严格按照操作流程进行操作。

3. 实训过程中要按照实训教具的用电安全手册进行操作，以免发生用电风险。

4. 不能在环境潮湿的场地中作业，以免触电。

实训时间

45min

一、塑料件焊接修复

1. 操作准备

实训人员必须穿戴好防护用品（护目镜、防护手套、围裙、工作服、口罩），整理准备

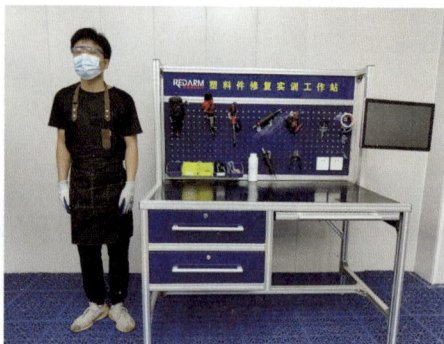

图6-3-1　操作准备

实训工具设备和用品，于通风良好处施工，如图 6-3-1 所示。

2. 评估受损

检查塑料保险杠损伤类型及受损程度，判断是否可以进行修复。用记号笔标注修复区域。

⚠ **注意** 裂缝两端及左右各向外延伸 2cm 画矩形，作为最终打磨区域，如图 6-3-2、图 6-3-3 所示。

图 6-3-2 判断损伤程度

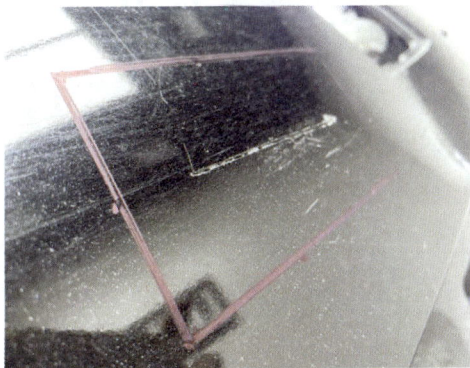

图 6-3-3 标记损伤位置

3. 打止裂孔

使用手电钻配合 3mm 钻头在裂缝两端打止裂孔，操作时应尽量使裂缝两端或其延长线处于止裂孔中心，如图 6-3-4 所示。

4. 塑料焊机植钉修复

1）将塑料保险杠裂缝对齐，并用铝箔胶带（耐高温）将塑料保险杠正面裂缝粘贴固定好，用刮板刮平，防止操作时裂缝两边变形不平，如图 6-3-5 所示。

图 6-3-4 打止裂孔

图 6-3-5 铝箔胶带粘贴

2）用塑料焊机对塑料件受损区域背面进行修复。选择合适的焊钉插入焊机头前端的两个小孔，按住开关给焊钉供热，等待焊钉发热发红后，将焊钉压入所需修复的位置，松开焊机按钮，待焊钉自然冷却并与塑料保险杠融合为一体后，将塑料焊机移开，重复操作直到焊钉均匀分布在破损处，全部焊接完成，如图6-3-6、图6-3-7所示。

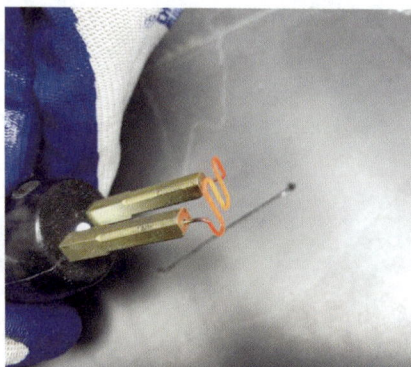

塑料焊机植钉修复

图6-3-6　植钉发热发红　　　图6-3-7　植入塑料植钉

塑料焊机使用注意事项：

①根据塑料保险杠破损程度、位置和形状选择合适的焊钉。

②插入焊钉之前，确保焊机头前端两个电极处于冷却状态。

③焊接过程中，不可碰触焊钉和焊机头前端。

④焊钉压入破损处的深度与焊钉的厚度相当，焊钉不可植入太深，由于焊钉厚度为0.8mm，植入深度范围在0.8~1.2mm为最佳。

塑料焊机必须垂直于塑料保险杠破损处方可进行修复，倾斜角度过大，焊钉植入深度无法掌控，容易焊穿塑料保险杠。

3）移除尾钉，用尖嘴钳将焊钉多余的部分（裸露在保险杆外部）去掉。如图6-3-8所示。尾钉全部移除后，裂缝背面修复完成。

5. 打磨清洁

在刻磨机上安装打磨头，将塑料保险杠正面开裂处打磨成V形（根据塑料保险杠的厚度，V形槽打磨深度在1.2~1.5mm之间为最佳，打磨得太深，会将背面焊接的焊钉磨断），如图6-3-9所示。更换干磨机安装120目干磨砂纸，打磨去除表面油漆和涂层以及V形槽周围毛刺。焊接之前使用无尘布配合脱脂剂对塑料保险杠打磨区域进行清洁及脱脂处理。

V型槽打磨

图 6-3-8　移除焊钉尾钉

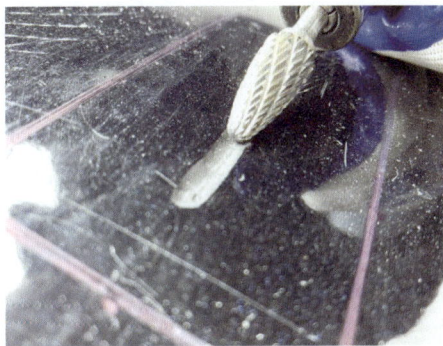

图 6-3-9　打磨清洗

6. 塑料焊枪焊接

（1）焊枪焊接

使用塑料焊枪，将 pp 焊条沿 V 形槽焊接，在塑料保险杠正面，如图 6-3-10 所示。

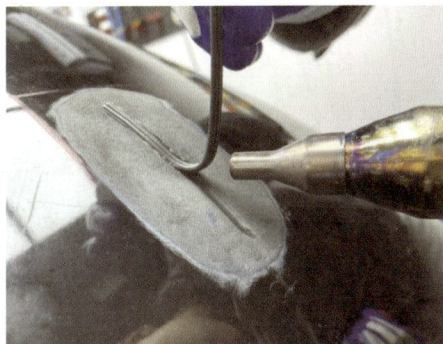

塑料焊枪焊接

图 6-3-10　塑料焊枪焊接

1）首先将焊条一端切成 60° 的斜角；

2）焊接操作时，焊枪喷嘴距离塑料保险杠 V 形槽最佳距离为 15mm，塑料焊枪倾角为 30°，焊条垂直于 V 形槽起点，反手下压，将焊条压进 V 形坡口。

3）调节塑料焊枪的距离、温度、角度来控制塑料焊条的融化速度。

4）规范焊接操作，对焊条的下压力应该控制在 5N，焊条填充速度为 8cm/min，利用塑料焊枪的热量将焊条和 V 形槽接触点处加热。

5）结束焊接时，宜充分加热焊条和 V 形槽的接触区域，停止焊条移动。但还需要对焊条施加一定的压力并保持几秒钟，待冷却到已不能拉动焊条，即可切下多余的焊条。

塑料焊枪焊接注意事项：

1）正确的焊接温度。PP焊条与塑料保险杠同时被加热到略带亮光并带有黏性，焊条便会黏住塑料保险杠，此时对焊条施加压力，将焊条压入V形槽中，继续加热，焊条就会与塑料保险杠融为一体。

焊接时必须维持焊条与接触面附近的正确温度，切不可过高或过低，温度过高会引起褶皱、表面烧蚀成棕色、降低焊接强度等问题。

2）焊条必须施压。焊条被融入V形槽的过程中，必须对其施加压力以保证修复质量。操作过程中若压力施加得不均匀或有泄压，将导致空气被裹入焊接区域的底部，直接影响整体焊接修复质量。

3）合适的焊接速度。操作过程中，若焊接速度过慢，焊条有可能融入焊缝后堆成团状；若焊接速度过快，焊条在焊接过程中容易变形或断裂，都会降低焊缝的强度。因此，焊接速度和焊条的融化情况应配合协调。

4）及时接续焊条。操作过程中，如果单支焊条过短，需要另接一根焊条。一般初始焊条在达到或低于10cm时停止焊接，随后将焊条从塑料保险杠接触点处快速切断，更换新焊条。使用电烙铁将新焊条端部切成60°斜角，以保持断点接合处平稳过渡。

（2）抹平打磨

使用电烙铁将焊条初步抹平，然后更换干磨机，安装120目干磨砂纸对塑料保险杠正面焊接处进行打磨，之后依次更换240目、400目、600目砂纸，直至将凹凸不平的焊条面打磨平整，如图6-3-11所示。

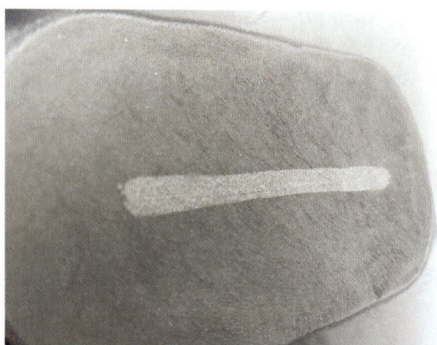

图6-3-11　抹平打磨

7.整理工具

清洁整理使用过的实训工具，将剩下的焊钉按照型号分类保存，塑料焊机需等待其自然冷却后放回原位，如图 6-3-12 所示。

⚠ **注意** 实训结束后需将实训场地清理干净，关闭电源开关，电源插排归位，养成良好的工作习惯。

图 6-3-12 整理工具

二、使用双组分胶、纤维网格片修复

1. 操作准备

实训人员必须穿戴防护用品（护目镜、防护手套、围裙、工作服、口罩），整理准备实训工具设备和用品，于通风良好处施工。

2. 评估受损

检查塑料保险杠开裂情况及损伤程度，使用热风枪对塑料件损伤处进行加热，将其恢复至原始状态的 85% 左右，判断是否可以进行修复。

如图 6-3-13 所示，在使用热风枪加热过程中，应全面均匀加热，不可局部加热（局部温度过高会造成二次损伤）。使用过程中热风枪温度设定范围在 500~600℃之间，通过调整热风枪的移动速度与出风口的高低来控制塑料件接触面的温度，待塑料件软化，对塑料件损伤处采用"高压低顶"的方法进行修复，从而基本恢复其外观与状态。

3. 打止裂孔

使用手电钻配合 3mm 钻头在裂缝两端打止裂孔，要求止裂孔中心与裂缝端面垂直，如图 6-3-14 所示。

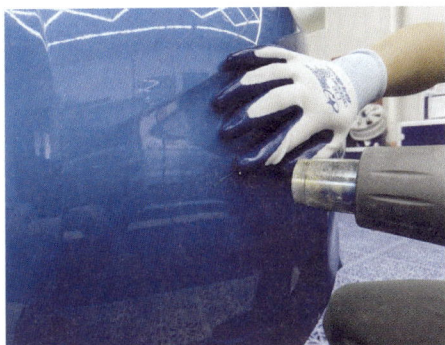

图 6-3-13 热风枪加热

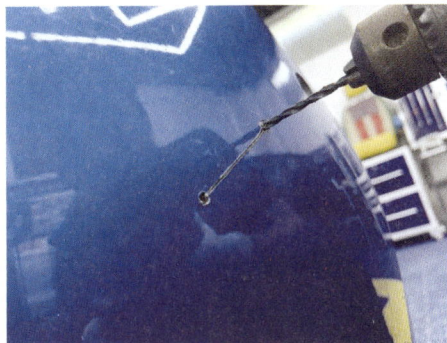

图 6-3-14 打止裂孔

打止裂孔的目的是释放塑料件本身的应力，防止修复过程中继续开裂。

4. 纤维网格修复

1）使用脱脂剂将损伤处内外清理干净，去除灰尘以及油渍，如图 6-3-15 所示。

2）将损伤处正面裂缝对齐，并用铝箔胶带（耐高温）粘贴固定，用刮板刮平，防止操作时裂缝两边变形不平，如图 6-3-16 所示。

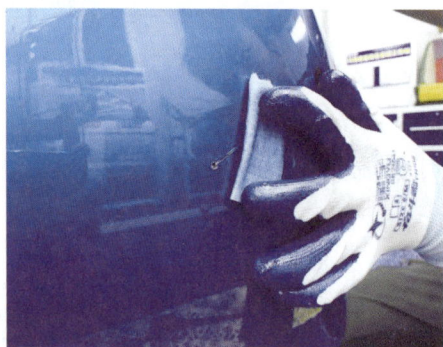

图 6-3-15　清洁干净

图 6-3-16　胶带粘贴

3）使用气动打磨机，安装 80 目干磨砂纸对背面损伤处进行打磨，去除旧漆层以及损伤处残留下的毛刺，并使用无尘布配合清洁剂对打磨区域进行清洁，如图 6-3-17 所示。

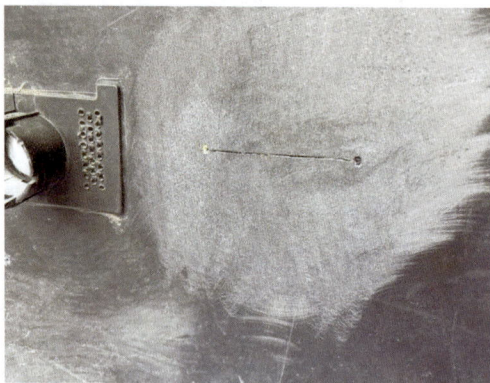

图 6-3-17　打磨清洁

4）将表面黏合剂（型号：3M 05907）均匀地喷涂至打磨区域，等待 5~10min 自然干燥。根据损伤面积及打磨区域的范围，裁剪合适尺寸的纤维网格片（型号：PN 04904）。使用双组分密封胶枪将半硬质塑料胶（型号：3M PN04240）涂抹至打磨区域（要求薄且均匀），然后把纤维网格片贴附至损伤打磨区域（纤维网格片中心位置必须与损伤中心位置重合），再次使用双组分密封胶枪将半硬质塑料胶涂抹至纤维网格片及打磨区域，如图 6-3-18 所示。

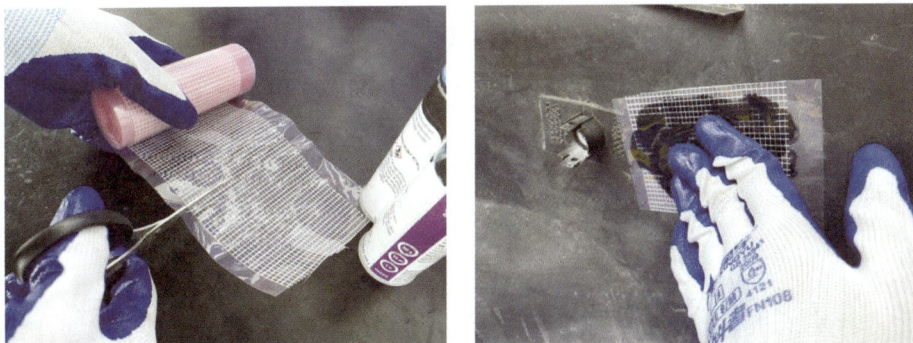

图 6-3-18　纤维网格粘贴

5. 打磨清洁

清除损伤处正面的铝箔胶带，使用砂带机配合 60 目砂带在损伤处周围由外向内打磨出由浅至深的圆碟状区域（或者使用刻磨机安装打磨头将损伤处正面开裂处打磨成 V 形），更换干磨机安装 80 目干磨砂纸去除表面油漆和涂层以及圆碟状区域（或者 V 形槽）周围毛刺。

打磨圆碟状区域或者 V 形槽的目的是增加双组分胶与塑料件损伤处之间的接触面积，使其修复后强度更高。

6. 双组分胶修复

胶粘修复之前使用无尘布配合脱脂剂对塑料保险杠打磨区域进行脱脂清洁之后，使用表面粗粘剂均匀地喷涂至损伤打磨区域，等待 5~10min 自然干燥，利用双组分密封胶枪将半硬质塑料胶均匀涂抹至损伤处，并使用刮板刮平，如图 6-3-19 所示。

图 6-3-19　双组分胶修复

⚠ **注意**　半硬质塑料胶需将损伤区域全部覆盖住，如果未将损伤区域填平，可反复涂抹半硬质塑料胶，直至将损伤处填平。

7. 打磨胶粘区域

等待双组分胶自然干燥（室温下，大约干燥时间为 15min，具体干燥时间视周围环境温度而定），使用干磨机安装 120 目干磨砂纸对胶粘区域进行打磨，之后依次选择 240 目、320 目由粗至细更换砂纸，直至将凹凸不平的胶粘区域打磨平整为止，如图 6-3-20 所示。

⚠ **注意**　打磨后用手触摸不能有明显的高度差，不能有漏粘等问题，修复后的区域高度不能高于原塑料件的高度，修复后若出现凹陷，凹陷深度允许范围为不超过 2mm。

8. 整理工具

将使用过的实训工具清理整洁，如图 6-3-21 所示。

⚠ **注意**　实训结束后需将实训场地清理干净，关闭电源开关，将电源插排归位，培养良好的工作习惯。

图 6-3-20　打磨胶粘区域

图 6-3-21　整理工具

复习题与实训考评

一、填空题

1. 如果塑料部件有裂痕，必须在裂缝端部钻孔，钻出直径大约_____，这样避免裂缝继续扩大。

2. 塑料板的焊缝出现棕黄色或褶皱说明_____。

3. 最适合作为各种塑料件维修的方式是_____。

4. 车身塑料的类型包括_____和_____。

5. 热塑性塑料的损坏可以用塑料焊机进行_____，也可以进行_____。

6. 热固性塑料的损坏不能用_____来维修，一般采用_____来进行维修。

7. 识别塑料件的种类主要可以依靠_____或_____的方法进行识别。

8. 使用红外线烘烤灯时，要注意控制塑料外的受热温度，一般以_____最好，最高不要超过_____，避免产生_____。

9. 一般的焊接修复方式有_____和_____。

10. 热空气塑料焊机使用的焊条，直径通常为_____。

11. 汽车塑料件多采用的材质为_____材质。

二、判断题

1. 使用黏合剂在修理塑料件前，必须确认塑料的种类。（　　）

2. 热固性塑料的损坏可以用塑料焊机进行焊接维修，也可以进行黏结维修。（　　）

3. 热塑性塑料可重复生产。（　　）

4. 聚丙烯的英文缩写是PP，在汽车车身上广泛应用。（　　）

5. 热塑性塑料件的损坏一般用铆接方式进行修复。（　　）

6. 热固性塑料可以对车地板进行黏结修复。（　　）

7. 完成矫正后，应在原处慢慢恢复到常温状态。不要采用强制冷却或过早移动，避免构件发生整体变形。（　　）

8. 插入塑料植钉之前，确保焊机前端两个电极处于高温状态。（　　）

三、问答题

1. 举例说明（各举例8个）车身上热塑塑料、热固塑料的运用。

_____

_____

_____

_____

2. 不同塑料部件的维修方式有何不同？

_____

3.如何正确进行塑料修复的成本估算？

四、实训考评

塑料件修复工件为汽车塑料保险杠，设置破损，破损长度为 5cm，分别采用塑料焊接及塑料焊枪工艺进行修复，时间为 40min。

单位：　　　　　　姓名：　　　　　　准考证号：

序号	考核项目	分值	评价标准	扣分	得分
1	安全防护用品	5分	考核过程中未佩戴口罩（1分）		
			考核过程中未佩戴防护手套（1分）		
			考核过程中未佩戴防护眼镜（1分）		
			考核过程中未佩戴防护耳塞（1分）		
			考核过程中未佩戴施工围裙（1分）		
2	清洁	4分	是否将所有的涂层、毛刺处理干净（2分）		
			研磨后是否及时用气管吹干水分，用无尘布擦干（2分）		
3	工具使用情况	8分	工具随意摆放（4分，一次1分扣完为止）		
			使用过的工具没有及时切断电源（4分）		
4	操作流程	58分	植钉操作中是否等待焊钉达到温度后进行的（8分）		
			塑料焊接过程中焊钉是否植入太深将塑料保险杠穿透（10分）		
			塑料焊机操作角度是否垂直于塑料保险杠表面（4分）		
			焊钉排序是否均匀整齐，排列有序（8分）		
			焊接完成后塑料保险杠裂缝处是否出现焊条堆团、断断续续的现象（6分）		
			塑料焊条端面使用前是否切成60°斜角（6分）		
			塑料焊条是否全部融入V形槽（6分）		
			焊接过程中是否出现因为温度过高将塑料保险杠表面融化的现象（10分）		

（续）

序号	考核项目	分值	评价标准	扣分	得分
5	修复效果	20分	打磨完成后，塑料保险杠表面是否光滑，有无高低点及接口（10分）		
			裂缝是否牢固，有无晃动或者松动（10分）		
6	整理	5分	电烙铁、烤枪、焊枪是否等待其自然冷却后进行整理（2分，每次1分，扣完为止）		
			操作完成后设备、工具是否放回原处（3分，未摆放整齐扣1分，扣完为止）		
	总分				

汽车内饰翻新修复

项目描述

　　汽车内饰中，由于受汗渍、雨水、衣裤等其他污染，致使汽车内饰件皮革氧化、老旧，甚至出现烫洞、划伤、裂口、龟裂、褪色等情况，内饰翻新修复可以将真皮座椅上出现的局部划伤、掉色、龟裂、老化等问题进行最大限度的修复，而且经修复、翻新的皮革能够保证皮革的弹性及良好的透气性能。修复后的内饰表面基本无瑕疵，不影响美观，可以正常使用，如图 7-0-1 所示。

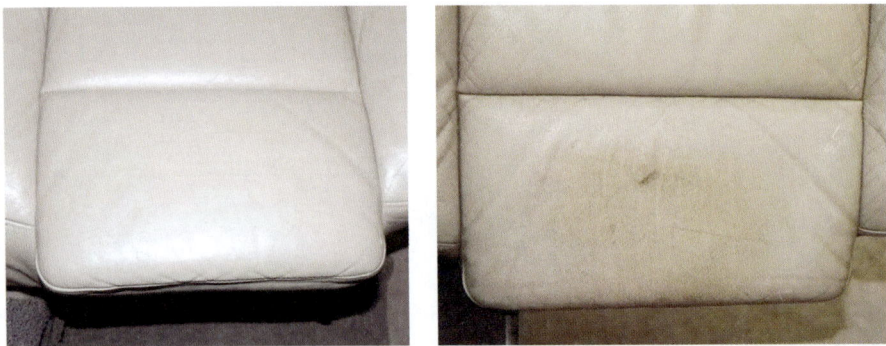

图 7-0-1　汽车内饰翻新

学习目标

知识目标

1.了解汽车内饰皮革的区别，油性皮革漆与水性皮革漆的区别。

2.掌握汽车内饰翻新改色修复工艺流程。

3.掌握皮革调色原理。

4.掌握实训设备的作用和使用方法。

技能目标

1.掌握无缺失皮革的修复方法。

2.掌握轻微缺失皮革的修复方法。

3.掌握直线型裂面的修复方法。

4.掌握烫洞的修复方法。

素养目标

1.培养发展的眼光，把维修的每一个过程看作发展变化的过程。

2.树立自主学习、终生学习的理念。

3.勇于采用新技术，提高创新能力。

任务一 了解汽车内饰修复基础知识

一、汽车内饰的皮革

汽车内饰皮革作为一种常用配置，在各种档次车型中被广泛应用，部分高端跑车还会配置皮革座椅。有的车主为了提升舒适性或整车档次而自行换装中意的皮革座椅，究竟皮革座椅是真皮的吗？如图7-1-1所示。

通常汽车内饰材料选用人造革或者部分人造革。普通真皮在现今市场上的价格基本都在千元以上，略微较好一点的

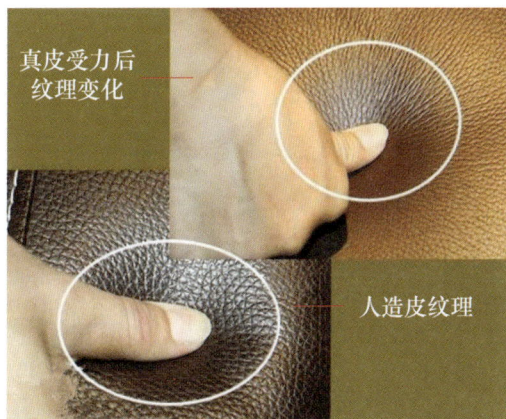

图7-1-1　内饰真皮与人造皮革的区别

真皮甚至上万元，而这仅仅只是一张皮料而已，做成汽车座椅还要进行一系列物理化学的加工过程。经过这样一系列的操作，完整的真皮座椅的价格就更高了。

1.真皮

真皮分为头层皮和二层皮，如图7-1-2所示。

1）真皮（头层皮）指的是动物身上的原表皮，如猪皮、牛皮、羊皮等。在这些动物的皮革中，使用最多的是牛皮。其中黄牛皮的皮质最为细腻，毛孔位置分布均匀，经久耐用，弹性好，不易被损坏。

2）二层皮是指横切分成两层甚至三层中的第二层皮，后期再覆以涂层重新黏合做成的皮革。

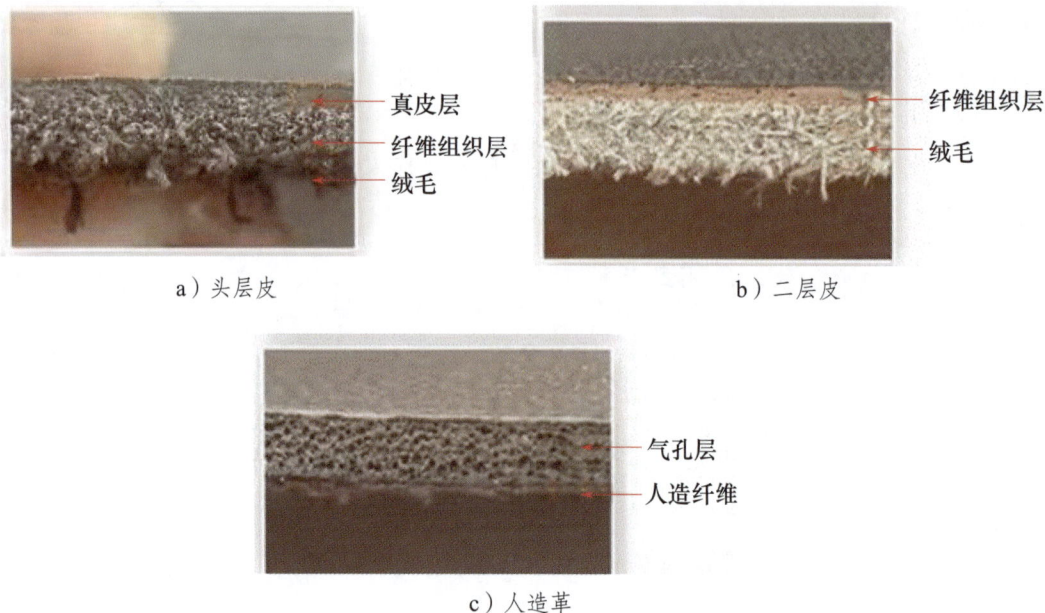

a）头层皮

真皮层
纤维组织层
绒毛

b）二层皮

纤维组织层
绒毛

c）人造革

气孔层
人造纤维

图 7-1-2　皮革结构

2. 仿皮（仿真皮）

仿皮一般分为两种，一种是人造革，另一种是超纤皮。

1）人造革：中低档汽车内饰材料多选用 PU 人造革。PU 人造革主要成分是聚氨酯，以此为材料制作汽车座椅可以减少造车成本，但无法达到原真皮那般自然光滑。虽然有一些缺点，但 PU 人造革质优价廉的特点，使其成为各大制造厂商的首选。

2）超纤皮的全称是"超细纤维增强皮革"。它具有极其优异的耐磨、透气、耐老化性能，柔软舒适，有很强的柔韧性。

超纤皮是一种再生皮，手感如真皮般柔软，属于合成皮革中新研制开发的高档皮革，也是新型的皮料种类。因其具有耐磨、耐寒、耐老化、透气、环保、质地柔软以及外观漂亮等优点，已成为代替天然皮革的最佳对象。

二、水性皮革漆

水性皮革漆使用环保原料，气味清淡，有很好的渗透性和延展性，用于汽车内饰皮革的染色、改色。水性皮革漆着色力强，使用后不会褪色、变色，不会使皮革发硬、不改变皮革质地。

三、油性皮革漆与水性皮革漆的区别

水性皮革漆与油性皮革漆明显的区别在于稀释剂的不同，水性皮革漆一定要用水性皮革固化剂和专用固定剂配合使用，油性皮革漆则不需要。

水性皮革漆无毒环保、无刺激气味，对人体健康无害，颜色上比油性皮革漆鲜艳亮丽，不易燃，没有特殊的存储要求。

油性皮革漆成本低，但制作工艺不环保。调完颜色后，只要清洁到位，可以直接使用在皮革上，不用再加其他材料，如固定剂等。油性皮革漆与水性皮革漆相比最大的优点是耐磨、耐划、耐黄变、耐久等。

四、汽车内饰翻新修复工艺流程

如图 7-1-3 所示，首先对需修复部位进行清洁，要求清洁过程细致而彻底，然后对其进行损伤评估与去膜处理。完成后对损伤处进行规范修补（不得超出损伤修补范围），然后对修补后的区域进行底漆上色，干燥凝固后进行打磨，要求光滑而平整。参考原厂颜色数据，对比周边实际色差，进行颜色的微调。最后，使用专用喷枪进行油漆喷涂，待完全固化后再次检查修复质量。

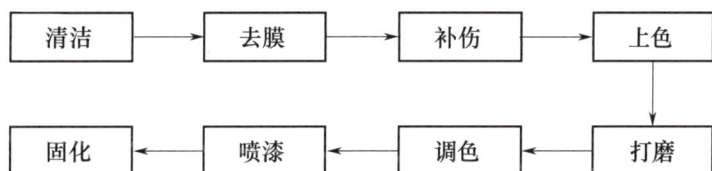

清洁 → 去膜 → 补伤 → 上色 → 打磨 ← 调色 ← 喷漆 ← 固化

图 7-1-3 汽车内饰翻新改色修复工艺流程

五、汽车内饰结构

通常汽车内饰由表层的皮革面料，中层的高回弹海绵，底层的防滑耐磨底布组合而成，如图 7-1-4 所示。

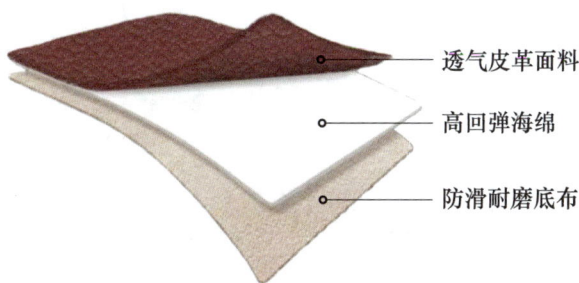

透气皮革面料
高回弹海绵
防滑耐磨底布

图 7-1-4 汽车内饰结构

六、皮革调色

1. 调色原理

自然界的颜色千变万化，但最基本的是黄、红、蓝三种，称为原色，原色无法由其他颜色混合而得。以这三种原色按一定比例调配混合而成的另一种颜色，称为二次色，二次色包括橙、紫、绿。原色与二次色混合得到三次色，黄橙、红橙、红紫、蓝紫、蓝绿和黄绿六色为三次色。

可以用如图 7-1-5 所示的色相环更加形象地表示。色相环中的原色是黄、红、蓝，在环中形成一个正三角形。二次色是橙、紫、绿，处在原色之间，形成一个正六边形。黄橙、红橙、红紫、蓝紫、蓝绿和黄绿六种三次色，对应正六边形的六条边。

图 7-1-5 色相环

2. 调色三要素

每个颜色都可以用三个基本元素来准确定义：色相、明度和彩度，同时还能以此区分其他颜色。调色就是对颜色的色相、明度、彩度进行确定和调整。

（1）色相确定

描述某一颜色时，人们通常首先确定该颜色的主色（即色相），这说明了色相是颜色的第一属性。

（2）明度调整

明度是表述颜色的另一特征，根据明度可将一种颜色描述为浅（亮）或深（暗）。明度最高是白色，最低是黑色，如图 7-1-6 所示。

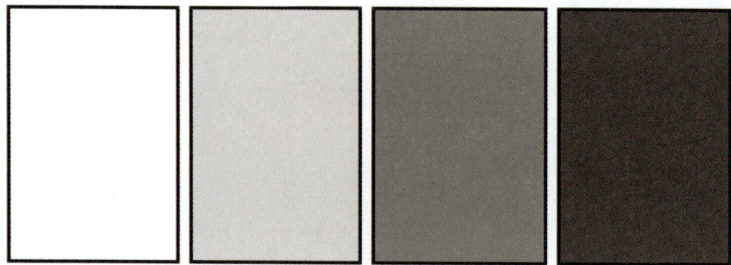

图 7-1-6 明度

确认好主色后，我们看皮革颜色的明度。对比一下皮革，观察涂料颜色是偏深还是偏浅。随后调整涂料颜色的深浅，深浅用黑白色漆来调整。涂料颜色偏深则加入白色，颜色偏浅则加入黑色。调出来的颜色，宁可浅一点不能比皮革颜色深。

（3）彩度调整

彩度指的是一种颜色接近相同明度的灰色相或纯色相的程度。

明度调整完毕后，接下来调整彩度。首先通过肉眼观察皮革的颜色。颜色偏向什么，就添加该颜色，例如棕色皮革偏紫则添加紫色，偏红则添加大红，偏黄则添加黄色。

3. 颜色系统

为了便于直观地理解颜色三元素的内在关系，人们先后设计了不同的空间几何模型来加以表示。蒙赛尔体系是各行业最早使用的颜色体系。在蒙赛尔体系中，所有颜色根据明度和彩度的不同分处在相对应的坐标轴上。如图 7-1-7 所示，越向上越明亮，越向下越暗；越向外围，则彩度越高。

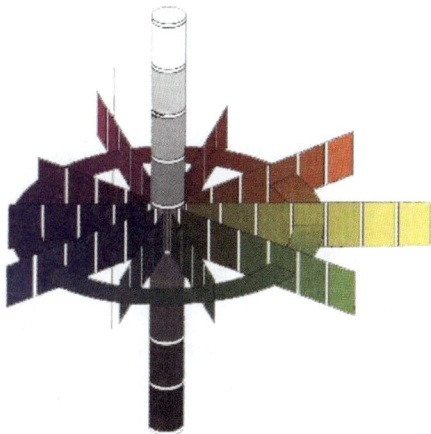

图 7-1-7 颜色系统

4. 调色注意事项

1）选用材料性质相同的颜色进行相互调色。

2）先加入主色，再加入配色，操作时应按少量多次的方式添加，以点滴加入，搅拌均匀。

3）颜色种类越少越好，确保彩度。

4）调出来的颜色宁浅勿深。

5）不要在强光照射下调色，一定要在背光下调色。

6）调色工具必须保持洁净。

5. 颜色的互补色

如果所调颜色泛红，可以使用绿色实现消光，泛蓝可用橙色消光，泛黄可用紫色消光，二次色无法消光。在消光时必须采用点滴的方法进行，切不可过量，否则会影响整体效果。

　　绿消除红，红消除绿；

　　蓝消除橙，橙消除蓝；

　　黄消除紫，紫消除黄。

　　当两种色彩夹角为 180° 时，我们把这两种颜色称为互补色，如图 7-1-8 所示。

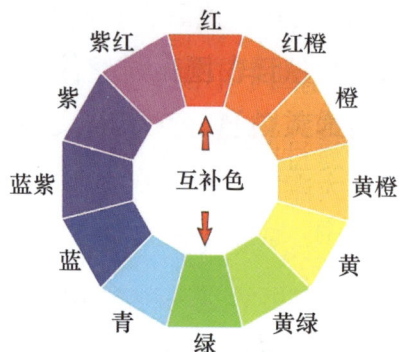

图 7-1-8　互补色

任务二　设备工具的认知

内饰修复设备工具，如图 7-2-1 所示。

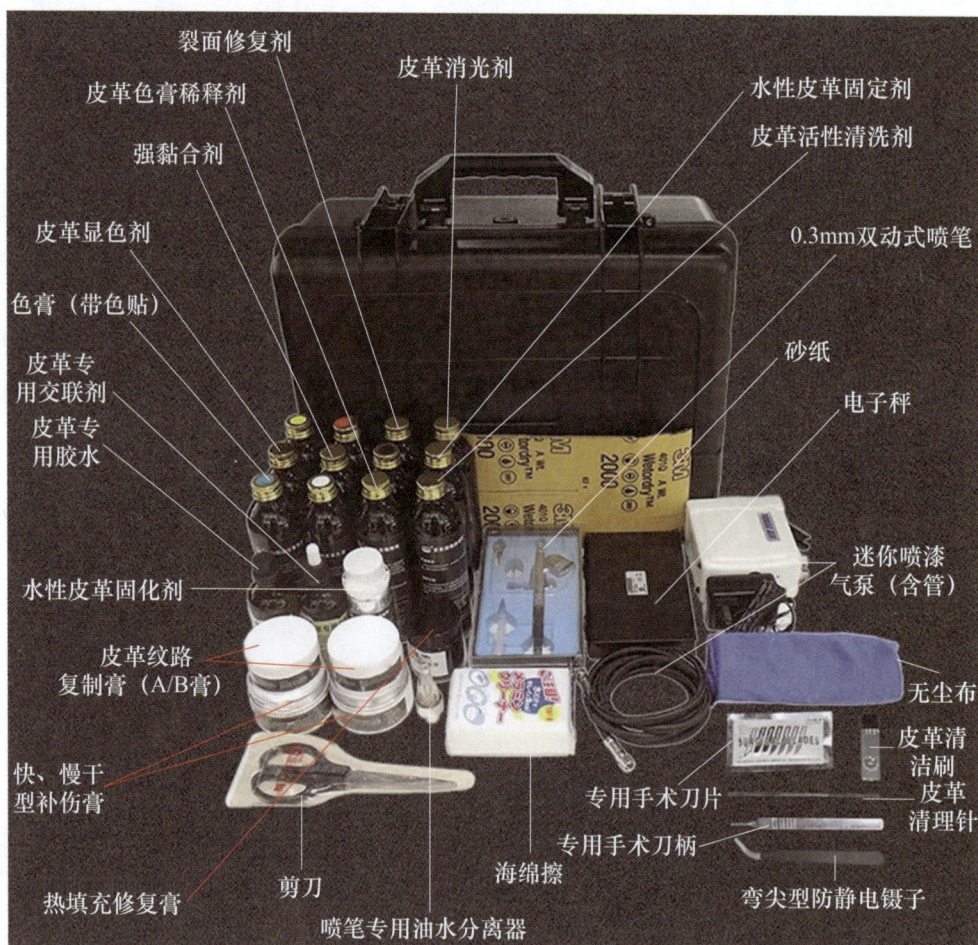

图 7-2-1　内饰修复设备工具

一、水性皮革固定剂

固定剂成膜手感爽滑，附着力强，抗拉伸度高，抗干湿性强，颜料固定持久，可对皮革漆起到固定作用，可使皮面饱满、经久耐用，如图 7-2-2 所示。

🔧 **使用方法** 使用时取出适量固定剂按照 10：1 的比例与固化剂调配使用。

二、皮革色膏稀释剂

皮革色膏稀释剂用于稀释皮革色膏，可以提高色膏的耐磨性，如图 7-2-3 所示。

🔧 **使用方法** 将皮革色膏稀释剂与皮革色膏按照 10：1 比例混合使用。

图 7-2-2 皮革固定剂   图 7-2-3 皮革色膏稀释剂

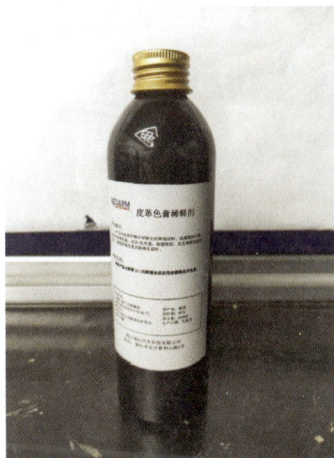

三、皮革专用胶水

皮革专用胶水用于黏接皮革。

🔧 **使用方法** 将需要黏接的面清理干净，确保黏接面无油污且完全干燥，再涂抹胶水。

四、皮革活性清洗剂

皮革活性清洗剂，用于清洁皮革表面油污，如图 7-2-4 所示。

🔧 **使用方法** 使用原液配合纳米海绵擦拭。

五、皮革专用固化剂

皮革专用固化剂用于改善皮革漆膜的伸拉强度，耐磨性好并且耐高温，如图 7-2-5 所示。

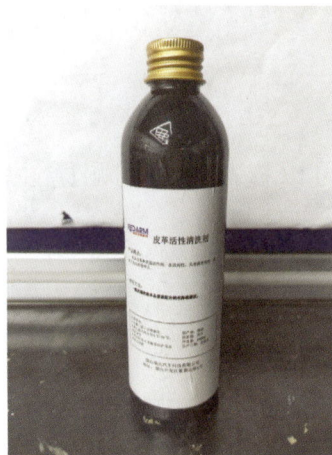

图 7-2-4　皮革活性清洗剂　　图 7-2-5　皮革专用固化剂

🔧 **使用方法**　皮革专用固化剂与色膏稀释剂按照 10∶2 比例混合使用。

六、皮革快干型补伤膏

皮革快干型补伤膏用于轻微裂缝和磨损区域的填充，黏结力好，干燥时间快。

七、皮革慢干型补伤膏

皮革慢干型补伤膏同样用于轻微裂缝和磨损区域的填充，黏结力好。与皮革快干型补伤膏的区别在于干燥时间慢。

八、皮革去膜剂

皮革去膜剂用于对修复前的皮革进行深度清洁，去除皮革及皮革裂缝的油脂以及残留的活性清洁剂，如图 7-2-6 所示。

图 7-2-6　皮革去膜剂

九、皮革纹路复制膏 A、B

皮革纹路复制膏 A、B 用于将皮革纹路复制在没有纹路的补伤膏上。

使用方法
1）将 A、B 型皮纹复制膏各取 5g 混合，快速揉捏均匀，时间控制在 1min 左右，如图 7-2-7a 所示。

2）将复制膏揉捏成圆形，放置在皮革皮纹清晰的部位复制纹理，如图 7-2-7b 所示。

3）使用透明玻璃瓶（底座平的瓶子）快速把揉捏成型的复制膏用力压平，如图 7-2-7c 所示。

4）使用重量约为 3kg 的物体放置于玻璃表面压在复制膏上，静压 30 min 左右，最终得到的成品如图 7-2-7d 所示。

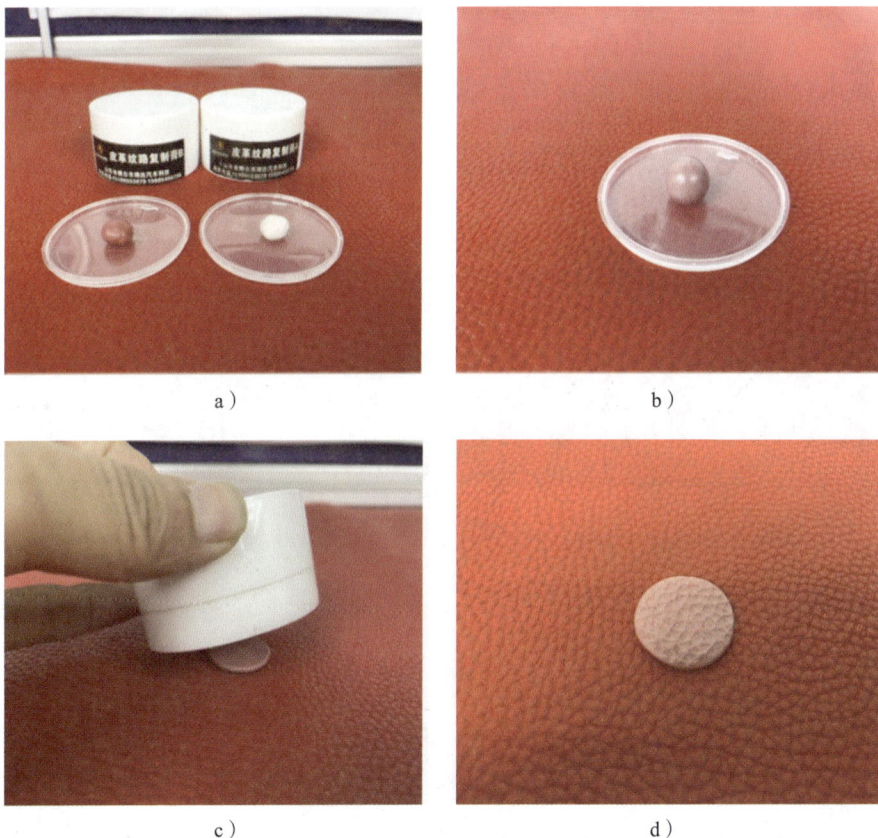

皮革纹路复制膏使用方法

a)

b)

c)

d)

图 7-2-7　皮革纹路复制膏使用方法

⚠ 注意　皮纹模板放置补伤处之前，补伤处表面必须涂抹热填充补伤膏，要求薄而均匀。

任务三 汽车内饰翻新修复实训操作

实训准备

1. 实训人员必须穿戴相应的防护用品（工作服、口罩、防护手套、护目镜）。
2. 根据受损程度，选择合适的修复方式。
3. 严格按照操作工艺流程操作。
4. 色浆调和严格按照配比进行稀释。

实训时间

60min

一、无缺失与轻微缺失皮革的修复方法

皮革的损伤类型不同，修复方法也有所不同。皮革的损伤类型，如图 7-3-1 所示。

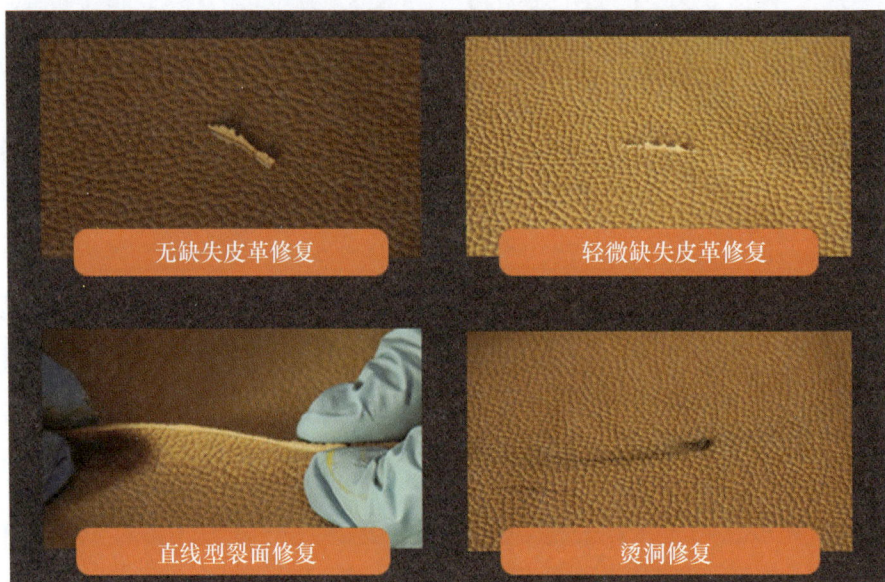

图 7-3-1　皮革损伤类型

1. 操作准备

实训人员必须穿戴防护用品（口罩、护目镜、防护手套、围裙），整理准备实训工具设备和用品，于通风良好处施工。

⚠ **注意** 水性皮革漆需在温度 5~35℃、相对湿度 50%~75%、避光通风处施工。温度 20℃左右，湿度不超过 70% 的环境下施工效果最佳。过高或过低的温度会导致涂装效果不良，例如出现流挂、桔皮、气泡等瑕疵。

2. 清洗

1）用气管配合干毛巾先将表面灰尘、脏污清理干净，再用无尘布配合皮革清洗剂对皮面进行全面擦洗，彻底清除污渍。

2）用湿毛巾擦拭残液，注意皮面缝隙及死角的清洁。

⚠ **注意** 修复之前皮革表面需保持洁净和干燥，以确保修复材料能够更好地附着到皮革表面。

3. 无缺失补伤

1）首先判断划伤部位的皮革，有无缺失；

2）用修复工具蘸取少量皮革专用胶水，涂抹于皮革受损部位；

3）将翘起的皮革按压平整即可；

4）观察修补部位的皮革是否整齐、牢固。

⚠ **注意** 皮革专业胶水表面干燥约需 5min，初处固化约需 24h，完全固化需 48~72h。

4. 轻微缺失补伤

1）首先判断划伤部位的皮革有无缺失。

2）用修复工具蘸取少量皮革专用胶水，将未缺失的皮革粘连至皮革受损部位。

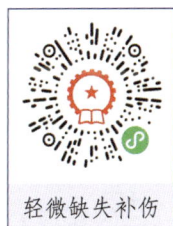

轻微缺失补伤

3）用 600 目砂纸轻轻打磨受损区域，用小刮刀取出少量的补伤膏（视情况而定选择快干型或者慢干性）修补破损处（皮革缺失部位）。

⚠ **注意** 涂抹补伤膏修复破损处，涂层不可太厚，宜少不宜多。

4）修补后可以自然晾干（温度 15℃）或者烘干（吹风筒），待完全干燥后用 800 目或 1000 目砂纸对补伤处轻轻打磨。

⚠ **注意** 必须等待补伤膏完全干燥方可打磨，否则容易将补伤膏打磨掉，打磨过程中注意避免对周围完整的皮革造成伤害。

不可用烤枪烘干，温度太高不易控制，容易对皮面造成二次伤害。

5）检查补伤处平整度，如果低于皮面平整度，需要再次涂抹补伤膏，干燥后再次打磨，直到补伤处与皮面平整度完全一致。

⚠ **注意**　必须清除干净打磨时留下的粉尘，方可进行二次补伤。

5. 调色

汽车内饰皮革漆需根据三原色原理，调配相应的色系，搅拌均匀，在需修复的皮革所在的隐蔽处对比颜色是否接近。

⚠ **注意**　根据破损位置的大小调配适量的色膏，过多会造成原材料的浪费，过少需重复调配。

6. 贴护

使用美纹纸、遮蔽膜将不需要喷涂的部位遮蔽起来，防止未受损的皮面被污染。

7. 试色

取出适量色浆，用400目滤纸过滤后倒入喷枪，利用喷枪均匀地喷涂于受损部位。

1）可以准确地判断出修补过的表面是否平整、光滑，如有瑕疵可以继续打磨或者涂抹补伤膏。

2）色浆会渗透至补伤膏内，增加补伤膏的附着力，因此补伤膏不会因为打磨而脱落。

3）试色可以作为底色来遮盖补伤膏，即便存在色差，后期喷漆也可以整体覆盖。

4）可判断调色是否有色差，如果有色差可以进行局部的微调。

8. 复制皮纹

对皮革破损处需要进行皮纹复制。有皮纹的皮革，可以通过调小喷枪的出气量使其喷出颗粒状色浆，待色浆干燥后对比颜色，要求颗粒大小与被修复的皮革纹路相似，颜色一致。最后用1500目砂纸将色浆颗粒打磨成与皮纹高度相同的形状，不需要皮纹复制的可忽略此操作。

9. 喷涂

1）将已修复的部位清理干净，上色前需使用去膜剂擦拭皮革表面，增加色浆的附着力，谨防后期脱落。

2）色浆与皮革固化剂按照 10∶2 比例混合均匀，放置 5min，用 400 目滤纸过滤后倒入喷枪，待其达到 9 成干燥时上色喷涂。将喷枪调节为小扇面，采用十字交叉的喷涂方法进行喷涂上色，漆膜不宜过厚，待第一遍干透后用 2000 目砂纸轻轻打磨，打磨过后将表面清理干净再喷涂第二遍。

10. 固定

1）取出适量的皮革固定剂与皮革固化剂按照 10∶1 比例混合均匀。

2）放置 5min 后用 400 目滤纸过滤待用。

⚠️ **注意** 加了皮革固化剂的固定剂必须在 4h 内使用完。

3）优先喷涂磨损修补处，保证及时固定皮面色彩，喷涂时漆面不宜过厚。

4）采用十字交叉方式喷涂，喷涂时应降低气压，出气量略高，雾化效果较小，以保证漆雾不会乱飞。

11. 整理工具

修复完成后，去除遮蔽膜，实训工具整理整齐，将喷枪、修复工具清理干净，喷涂用品密封存放。

⚠️ **注意** 实训结束后将实训场地清理干净，关闭电源开关，将电源插排归位，养成良好的工作习惯。

二、直线型裂面的修复方法

直线型裂面如图 7-3-2 所示。

1. 操作准备

实训人员必须穿戴好防护用品（口罩、护目镜、防护手套、围裙）整理准备实训工具设备和用品，于通风良好处施工。

⚠️ **注意** 水性皮革漆需在温度 5~35℃、相对湿度 50%~75%、避光通风处施工。温度 20℃左右，湿度不超过 70% 的环境下施工效果最佳。过高或过低的温度会导致涂装效果不良，例如出现流挂、桔皮、气泡等瑕疵。

2. 清洗

1）用气管配合干毛巾先将表面灰尘、脏污清理干净，再用海绵配合皮革清洗剂对皮面进行全面擦洗，彻底清除污渍。

2）用湿毛巾擦拭残液，注意皮面缝隙及死角的清洁。

⚠ **注意** 修复之前皮革表面需保持洁净和干燥，以确保修复材料能够更好地附着到皮革表面，如图 7-3-3 所示。

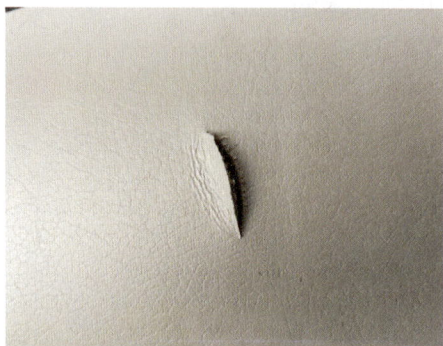

图 7-3-2　直线型裂面

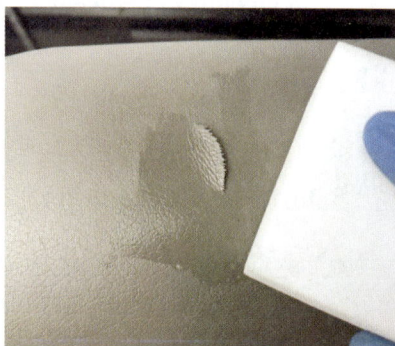

图 7-3-3　清洗

3. 补伤

1）首先判断划伤部位皮革的受损程度。

2）取出适量的定型布（有弹力没拉力），根据直线型裂面的长度裁剪出合适的尺寸（定型布实际尺寸要大于裂面长度），用镊子平铺至裂口底部。用修补工具或者小铲子蘸取适量的皮革专用胶水，将定型布与皮面（未受损的皮面）黏合平整，如图 7-3-4 所示。

3）用修补工具或者小铲刀取出适量的皮革专用胶水，将裂面背部涂抹均匀（不宜过多，多余的皮革胶水必须擦拭干净）与定型布黏合压实。

4）用小铲刀或者修补工具取出适量慢干型补伤膏，对裂面接口处进行涂抹。

⚠ **注意** 修补过程中不可将损伤面积扩大，如图 7-3-5 所示。

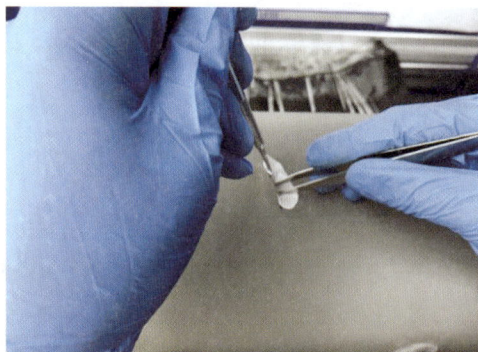

图 7-3-4　平铺黏合

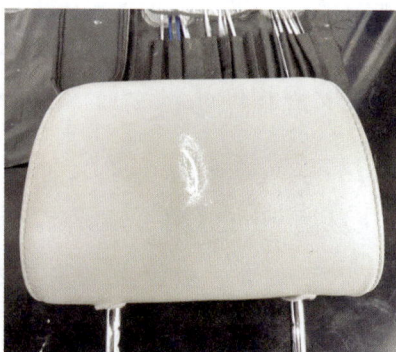

图 7-3-5　晾干

5）修补后可以自然晾干（温度 15℃）或者烘干（吹风筒），待完全干燥后使用 800 目或 1000 目砂纸对补伤处轻轻打磨，如图 7-3-6 所示。

⚠ **注意** 必须等待补伤膏完全干燥，才可以进行打磨，否则容易将补伤膏磨掉，打磨过程中注意避免对周围完整的皮革造成伤害。

烘干过程中不可使用烤枪，温度过高容易对皮面造成二次伤害。

6）检查补伤处平整度，如果低于皮面平整度，需要再次涂抹补伤膏，干燥后再次打磨，直到补伤处与皮面平整度完全一致。

⚠ **注意** 必须清除干净打磨时留下的粉尘，方可进行二次补伤。

4. 调色

汽车内饰皮革漆需根据三原色原理，调配相应的色系，搅拌均匀，在需修复的皮革所在的隐蔽处对比颜色是否接近。如图 7-3-7 所示。

⚠ **注意** 根据破损位置的大小调配适量的色膏，过多会造成原材料的浪费，过少需重复调配。

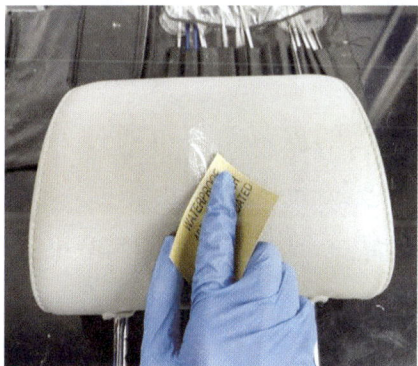

图 7-3-6 打磨

图 7-3-7 调色

5. 贴护

使用美纹纸、遮蔽膜将不需要喷涂的部位遮蔽起来，防止未受损的皮面被污染，如图 7-3-8 所示。

6. 试色

取出适量色浆，用 400 目滤纸过滤后倒入喷枪，利用喷枪均匀地喷涂于受损部位，如图 7-3-9 所示。

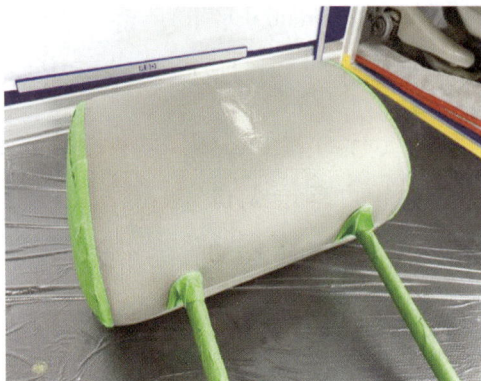

图 7-3-8　贴护

图 7-3-9　试色

1）可以准确地判断出修补过的表面是否平整、光滑，如有瑕疵可以继续打磨或者涂抹补伤膏。

2）色浆会渗透至补伤膏内，增加补伤膏的附着力，因此补伤膏不会因为打磨而脱落。

3）试色可以作为底色来遮盖补伤膏，即便存在色差，后期喷漆也可以整体覆盖。

4）可判断调色是否有色差，如果有色差可以进行局部的微调。

7. 复制皮纹

对皮革破损处需要进行皮纹复制。有皮纹的皮革，可以通过调小喷枪的出气量使其喷出颗粒状色浆，待色浆干燥后对比颜色，要求颗粒大小与被修复的皮革纹路相似，颜色一致。最后用 1500 目砂纸将颗粒打磨成与皮纹高度相同的形状，不需要皮纹复制的可忽略此操作，如图 7-3-10 所示。

复制皮纹

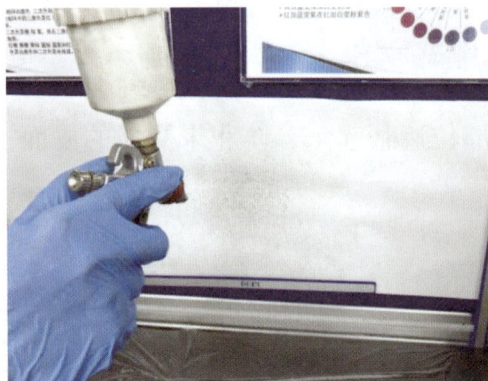

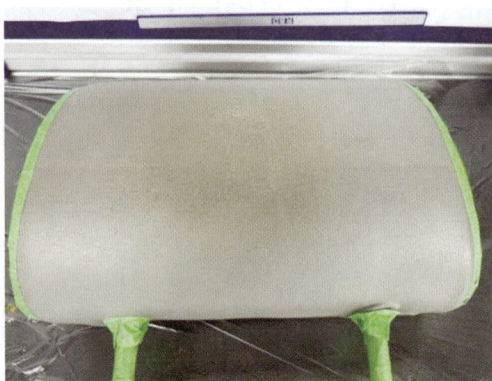

图 7-3-10　复制皮纹

8. 喷涂

1）已修复的部位清理干净，上色前需使用去膜剂擦拭皮革表面，增加色浆的附着力，谨防后期脱落，如图 7-3-11。

2）色浆与皮革固化剂按照 10∶2 比例混合均匀，放置 5min，用 400 目滤纸过滤后倒入喷枪，待其达到 9 成干燥时上色喷涂。

将喷枪调节为小扇面，采用十字交叉的喷涂方法进行喷涂上色，漆膜不宜过厚，待第一遍干透后使用 2000 目砂纸轻轻打磨，打磨过后将表面清理干净，再进行第二次喷涂。

9. 固定

1）取出适量的皮革固定剂与皮革固化剂按照 10∶1 比例混合均匀，如图 7-3-12 所示。

图 7-3-11 喷涂

图 7-3-12 调配

2）放置 5min 后用 400 目滤纸过滤待用。

⚠ **注意** 加了皮革固化剂的固定剂必须在 4h 内使用完。

3）优先喷涂磨损修补处，保证及时固定皮面色彩，喷涂时漆面不能过厚。

4）采用十字交叉方式喷涂，喷涂时应降低气压，出气量略高，雾化效果较小，以保证漆雾不会乱飞。

10. 整理工具

修复完成后，去除遮蔽膜，实训工具整理整齐，将喷枪、修复工具清理干净，喷涂用品密封存放，最终修复效果如图 7-3-13 所示。

⚠ **注意** 实训结束后将实训场地清理干净，关闭电源开关，将电源插排归位，养成良好的工作习惯。

三、烫洞的修复方法

1. 操作准备

实训人员必须穿戴防护用品（口罩、护目镜、防护手套、围裙）整理准备实训工具设备和用品，于通风良好处施工。

2. 清除污渍

用海绵配合皮革清洗剂对皮面进行全面清洗，彻底清除污渍，如图 7-3-14 所示。

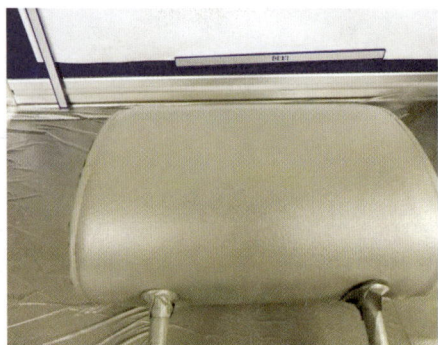

图 7-3-13　修复效果

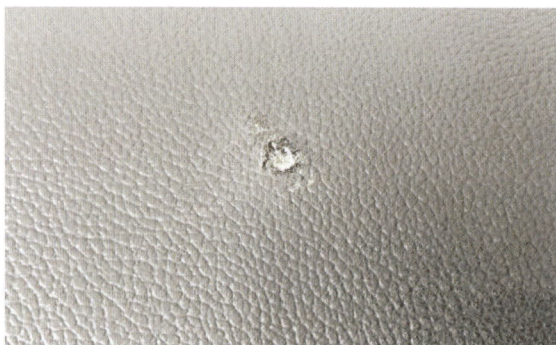

图 7-3-14　清除污渍

⚠ **注意**　修复之前皮革表面需保持洁净和干燥，以确保修复材料能够更好地附着到皮革表面。

3. 补伤

（1）去皮

对于烫伤比较严重的皮革，首先用成形尺和手术刀在受损的皮面上切出一个圆坑，如图 7-3-15 所示。

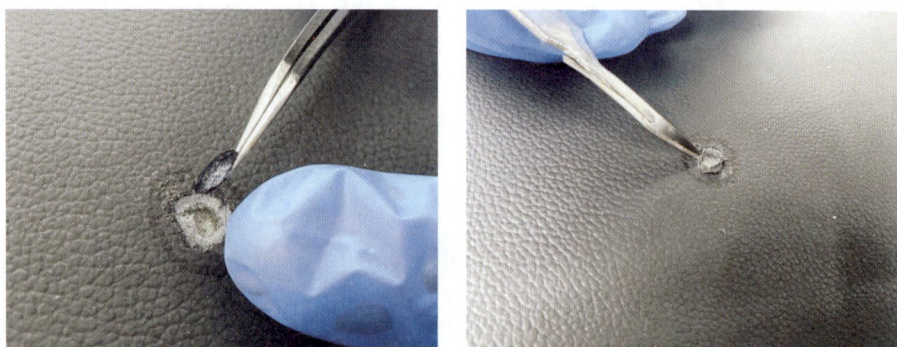

图 7-3-15　去皮补伤

⚠ **注意** 圆坑中心点是受损皮面的中心位置。

（2）打版

将塑料片平铺于圆形受损处上方，用马克笔在塑料片上画出受损形状，将备用皮革取出用修补刀按照马克笔所绘形状大小裁剪备用（裁剪面积宜小不宜大），如图 7-3-16 所示。

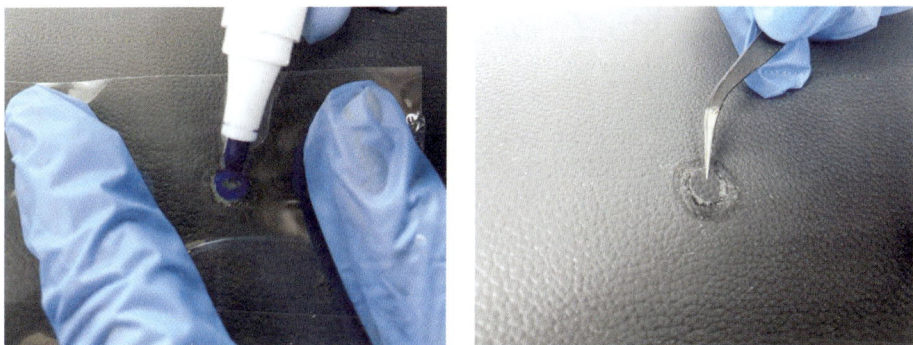

图 7-3-16 补伤打版

⚠ **注意** 选取的皮革纹路需与皮面受损处的纹路一致，如有差异可用 600 目砂纸磨掉选取的皮革上的纹路，纹理可以后期用纹路复制膏进行修复。

选取的皮革颜色不一致，可以通过后期喷涂来调整。

（3）定型

取出适量的定型布（有弹力没拉力），根据圆坑的大小裁剪出合适的尺寸（定型布实际尺寸要大于圆坑），用镊子平铺至受损处底部。用修补工具或者小铲子蘸取适量的皮革专用胶水，将定型布与皮面（未受损的皮面）黏合平整，如图 7-3-17 所示。

（4）植皮

使用修补工具或者小铲刀取出适量的皮革专用胶水，均匀涂抹于裁剪好的皮革（圆形）背面（不宜过多，多余的皮革专用胶水必须擦拭干净），然后将皮革与定型布黏合压实。

（5）补伤

向慢干型补伤膏中加入少量的强力黏合剂和色膏搅拌均匀，用小铲刀或者修补工具对裂面接口处涂抹，如图 7-3-18 所示。

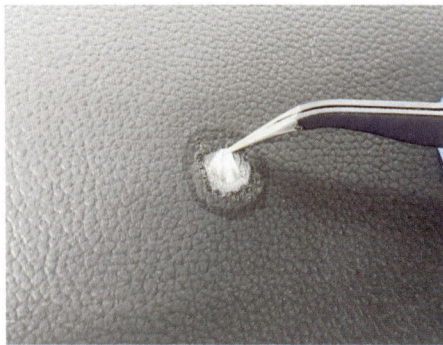

图 7-3-17　补伤定型

图 7-3-18　补伤

⚠ **注意**　修补过程中不可将损伤面积扩大。

（6）打磨

修补后可以自然晾干（温度 15℃）或者烘干（吹风筒），待完全干燥后使用 800 目或 1000 目砂纸对补伤处轻轻打磨。

⚠ **注意**　必须等待补伤膏完全干燥，才可以打磨，否则容易将补伤膏磨掉，打磨过程中注意避免对周围完整的皮革造成伤害。

烘干过程中不可以使用烤枪，温度过高容易对皮面造成二次伤害。

（7）查验

检查补伤处平整度，如果低于皮面平整度，需要再次涂抹补伤膏，干燥后再次打磨，直到补伤处与皮面平整度完全一致，如图 7-3-19 所示。

图 7-3-19　查验

⚠ **注意**　必须清除打磨时留下的粉尘，方可进行二次补伤。

4. 调色

汽车内饰皮革漆需根据三原色原理，调配相应的色系，搅拌均匀，在需修复的皮革所在的隐蔽处对比颜色是否接近，如图 7-3-20 所示。

根据破损位置的大小调配适量的色膏，过多会造成原材料的浪费，过少需重复调配。

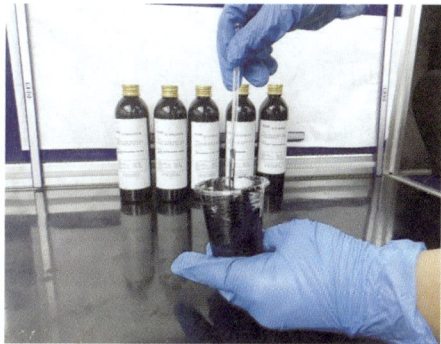

图 7-3-20 调色

5. 贴护

使用美纹纸、遮蔽膜将不需要喷涂的部位遮蔽起来，防止未受损的皮面被污染。

6. 试色

取出适量色浆，用 400 目滤纸过滤后倒入喷枪，利用喷枪均匀地喷涂于受损部位。

1）可以准确地判断出修补过的表面是否平整、光滑，如有瑕疵可以继续打磨或者涂抹补伤膏。

2）色浆会渗透至补伤膏内，增加补伤膏的附着力，因此补伤膏不会因为打磨而脱落。

3）试色可以作为底色来遮盖补伤膏，即便存在色差，后期喷漆也可以整体覆盖。

4）可判断调色是否有色差，如果有色差可以进行局部的微调。

7. 复制皮纹

对皮革破损处需要进行皮纹复制。有皮纹的皮革，可以通过调小喷枪的出气量使其喷出颗粒状色浆，待色浆干燥后对比颜色，要求颗粒大小与被修复的皮革纹路相似，颜色一致。最后用 1500 目砂纸将颗粒打磨成与皮纹高度相同的形状，不需要皮纹复制的可忽略此作，如图 7-3-21 所示。

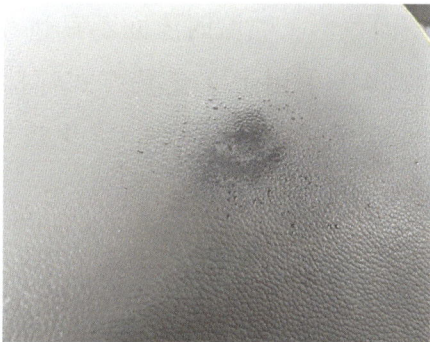

图 7-3-21 复制皮纹

8. 喷涂

1）已修复的部位清理干净，上色前需使用去膜剂擦拭皮革表面，增加色浆的附着力，谨防后期脱落。

2）色浆与皮革固化剂按照 10:2 比例混合均匀，放置 5min，用 400 目滤纸过滤后倒入喷枪，待其达到 9 成干燥时上色喷涂，如图 7-3-22 所示。

将喷枪调节为小扇面，采用十字交叉的喷涂方法进行喷涂上色，漆膜不宜过厚，待第一遍干透后用 2000 目砂纸轻轻打磨，打磨过后将表面清理干净，进行第二遍喷涂。

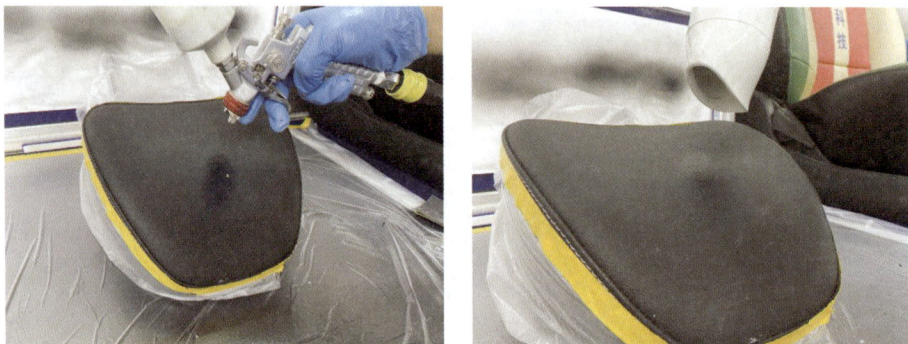

图 7-3-22　喷涂修复

9. 固定

1）取出适量的皮革固定剂与皮革固化剂按照 10:1 比例混合均匀，如图 7-3-23 所示；

2）放置 5min 后使用 400 目滤纸过滤待用；

3）优先喷涂磨损修补处，保证及时固定皮面色彩，喷涂时漆面不宜过厚；

4）采用十字交叉方式喷涂，喷涂时应降低气压，出气量略高，雾化效果较小，以保证漆雾不会乱飞。

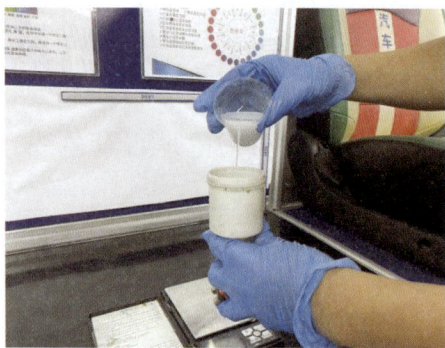

图 7-3-23　调配皮革固定剂

10. 整理工具

修复完成后，去除遮蔽膜，实训工具整理整齐，将喷枪、修复工具清理干净，喷涂用品密封存放，如图 7-3-24 所示。

⚠ **注意**　实训结束后将实训场地清理干净，关闭电源开关，将电源插排归位，养成良好的工作习惯。

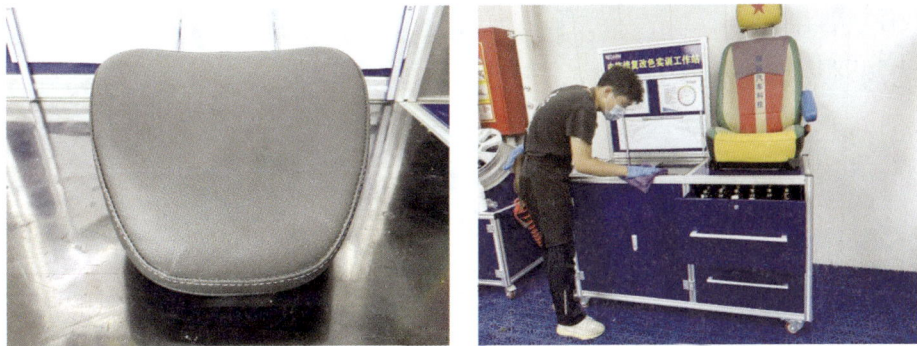

图 7-3-24　修复成果与整理工具

复习题与实训考评

一、填空题

1. 调配颜色时需严格按照调色的前后顺序，判断好主次，_____，保证调出来的颜色_____。

2. 水性皮革固定剂的使用中，取出适量固化剂，按照_____的比例将固化剂进行调配使用。

3. 皮革专用胶水固化时间，表面干燥约_____，初处固化约为_____，完全固化约_____。

4. 汽车内饰皮革漆根据_____，调到相应的色系，搅拌均匀，在需修复的皮革所在的_____对比颜色是否接近。

5. 喷涂按照色浆与皮革固化剂_____的比例混合搅拌均匀，放置 5min 后用_____滤纸过滤后倒入喷枪进行喷涂，待其达到_____的时候进行上色喷涂。

6. 喷涂方式采用_____，喷涂时应_____，_____，_____，这样保证漆雾不会乱飞。

7. 超纤皮具有_____、耐寒、透气、_____、_____、环保以及外观漂亮等优点，已成为代替天然皮革的最佳对象。

8. 水性皮革漆对汽车内饰进行染色，改色，_____，持久，使用后不褪色、不变色、_____、不改变皮革质地。

9. 油性皮革漆对比水性皮革漆最大的优点是_____、_____、耐黄变、_____等。

10. 用气管配合_____先将表面灰尘、污渍清洗干净，再用_____配合皮革清洗剂对皮面进行全面擦洗，彻底清洁。

11. 创新是指人们为了发展的需要，运用_____，不断突破常规，发现和阐述某种新颖、独特的_____或_____的新事物、新思想的活动。

二、判断题

1. 调色时应该先加入次色，再加入主色，操作时应按少量多次的方式添加，以点滴加入，搅拌均匀。　　　　　　　　　　（　　）

2. 不要在强光照射下调色，一定要在背光下调色。　　　　　（　　）

3. 皮纹模板放置补伤处之前，补伤处表面必须涂抹热填充补伤膏，要求厚实。　　　　　　　　　　　　　　　　　　　（　　）

4. 修复操作时，必须等待补伤膏完全干燥后，方可打磨，否则容易将补伤膏打磨掉。　　　　　　　　　　　　　　　　（　　）

5. 如发现修复不彻底，必须清除打磨时留下的粉尘，方可进行二次补伤。　　　　　　　　　　　　　　　　　　　　　（　　）

6. 维修操作时，不需要使用美纹纸、遮蔽膜将无须喷涂的部位遮蔽起来。　　　　　　　　　　　　　　　　　　　　　（　　）

7. 对于烟头烫伤比较严重的皮革，首先用钢板尺及手术刀在受损的皮面上切出一个圆形。切除的圆形中心点是受损皮面的中心位置。（　　）

8. 色彩的明暗度主要取决于颜色的深浅，操作过程中宁可颜色偏浅，不得偏深。　　　　　　　　　　　　　　　　　（　　）

9. 严格控制颜色的种类，遵循三原色调色原则，颜色的种类添加得越多，色彩的鲜艳度和层次感就会上升，调出来的颜色就越清晰。（　　）

10. 在皮革调色过程中，应先判断两色之间的关系，确定哪种颜色为主色，哪种颜色为副色，从而进行配色。　　　　　（　　）

11. 创新的本质是突破，即突破旧的思维定式，旧的常规戒律。（　　）

12. 创新最求新颖、独特、最佳、强势，并必须有益于人类、社会的进步。　　　　　　　　　　　　　　　　　　　　　（　　）

三、解析题

1. 结合操作，分析如何正确调配出与修复处周围相近的颜色。

_____

_____

_____

2. 简述烫洞修复时有哪些注意事项。

_____

_____

_____

3. 简述如何复制座椅上的皮纹。

_____

_____

_____

_____

4. 结合所学，简述现代职业教育的学生如何做到创新，与时俱进。

_____

_____

四、实训考评

内饰修复破损件为真皮座椅，真皮座椅表面制造一处直线型破损（长度2cm）进行修复，时间为50min。

单位： 姓名： 准考证号：

序号	考核项目	分值	评价标准	扣分	得分
1	安全防护用品	4分	考核过程中未佩戴口罩（1分）		
			考核过程中未佩戴防护手套（1分）		
			考核过程中未佩戴护目镜（1分）		
			考核过程中未穿戴施工围裙（1分）		
2	清洁	5分	皮革表面未清洗或清洗流程不标准（3分，视情况扣分）		
			喷枪及喷笔使用前未清洁（2分，一次1分）		

序号	考核项目	分值	评价标准	扣分	得分
3	工具使用情况	5分	工具随意摆放（3分，一次1分，扣完为止）		
			使用过的溶剂没有及时密封保存（2分）		
4	操作流程	45分	是否根据破损情况选择了正确的修复方法（10分）		
			皮纹复制膏的使用方法是否正确（5分）		
			喷涂材料调和比例是否标准（10分）		
			针对不同损伤，补伤膏选择上是否正确（5分）		
			喷涂材料是否用滤纸过滤后使用的（5分）		
			打磨后，粉尘是否每次都清理干净（5分）		
			施工流程是否标准（5分）		
5	修复效果	36分	破损处周围皮革是否有二次损伤（5分）		
			皮革修复后表面平整度是否一致（6分）		
			破损处修复后是否牢固不会开裂（10分）		
			修补颜色与原色是否接近（10分）		
			未受损的皮面是否被污染（5分）		
6	整理	5分	补伤工具是否清理干净（2分）		
			操作完成后要把设备、工具放回原处（3分，未摆放整齐扣1分，扣完为止）		
	总分				